La Colonisation de la Palestine (1835-1914)

A la veille de la guerre (1914-1918), on dénombre 47 colonies juives implantées en Palestine

Introduction

« Celui qui ne saisit pas la problématique sioniste, ne pourra jamais comprendre les réalités du monde de nos jours » (H. Truman, ancien président des Etats-Unis d'Amérique (1945-1953).

§§§

Malgré le refus des Ottomans de l'immigration juive, en provenance d'Europe centrale et orientale une première vague de juifs arrive en Palestine, grâce à l'aide des représentations diplomatiques, en particulier, britanniques.

Pendant les deux dernières décades du 19-ème siècle, des centaines de juifs, parfois des milliers, s'installent clandestinement, chaque année en Palestine, arrivant par les ports de Yâfâ (Jaffa) et de Beyrouth.

De 10.000 en 1882, le nombre de juifs en Palestine passe, à la fin du dix-neuvième siècle, à 50.000, dont la moitié à Al-Quds (Jérusalem).
Et on compte, à la veille de la guerre 1914-1918, 47 colonies juives implantées dans la campagne et les quartiers de certaines villes.

En 1914, la population totale de la Palestine s'élève à 722.000 personnes.

§§§

Cette étude comprend une Chronologie, 19 Chapitres annotés, répartis en 4 parties, des Annexes et une Bibliographie :

<u>Première Partie</u> : La Palestine, enjeu européen. Convergence des intérêts juifs et des intérêts britanniques (Chapitres 1 à 4) ;

<u>Deuxième Partie</u> : De l'émigration religieuse, à l'émigration politique (1882-1897).
Les germes de la violence.
Le mouvement palestinien fait face aux projets de colonisation (Chapitres 5 à 7) ;

<u>Troisième Partie</u> : Le développement du sionisme en Palestine et la deuxème vague d'immigration (1897-1908) (Chapitres 8 à 12) ;

<u>Quatrième Partie</u> : La lutte des Palestiniens contre le sionisme commence dès l'établissement des colonies juives en Palestine (1908-1914).
Le sort de la Palestine sera tranché suite à la «Déclaration Balfour» (1917) et au Mandat anglais sur la Palestine (1922).
Les deux grandes puissances de l'époque (la Grande Bretagne et la France), réaliseront la colonisation de la Palestine, par procuration (Chapitres 13 à 19) ;

<u>11 Annexes,</u> dont une carte : Implantation des colonies juives en Palestine (Annexe 4) ;

<u>Bibliographie</u>.

§§§

Sommaire

Introduction (p.3)

Chronologie (p.8)

Chapitre_1 : La Palestine, enjeu européen.
A l'origine de l'immigration juive en Palestine (p.17)

Chapitre_2 : Convergence des intérêts britanniques et des intérêts juifs.
La Grande Bretagne, protectrice des juifs en Palestine. Elle force les Ottomans à admettre une immigration juive en Palestine (p.23)

Chapitre_3 : « Une terre sans peuple ». Le transfert des Palestiniens (p.32)

Chapitre_4 : Les premières colonies juives en Palestine. Le contexte politique au début des années 1880. L'occupation de l'Egypte par l'Angleterre (p.39)

Chapitre_5 : A partir de 1882 : première vague d'émigration juive vers la Palestine. Elle se fait dans un contexte favorable aux juifs (p.47)

Chapitre_6 : Les Autorités ottomanes prennent des mesures contre l'immigration juive (p.54)

Chapitre_7 : Bilan de la colonisation juive, à la veille du 1er Congrès sioniste de 1897 (p.61)

Chapitre_8 : Naissance du sionisme (p.65)

Chapitre_9 : Le Programme sioniste (p.80)

Chapitre_10 : Les activités de Theodor Herzl.
Les juifs, à la recherche d'une reconnaissance (p.87)

Chapitre_11 : Réaction contre le sionisme, avant la Révolution des « Jeunes-Turcs » de 1908 (p.105)

Chapitre_12 : La Révolution des «Jeunes-Turcs» de 1908. Le sionisme, et la chute du Sultan Abdul-Hamid II (p.111)

Chapitre_13 : La presse palestinienne crée un front contre le sionisme (1908-1914) (p.125)

Chapitre_14 : La lutte contre le sionisme au parlement ottoman (p.137)

Chapitre_15 : Associations, partis politiques palestiniens, dans la lutte contre le sionisme (p.146)

Chapitre_16 : La terre, enjeu de la colonisation juive en Palestine (p.155)

Chapitre_17 : L'appropriation de la terre par les juifs mobilise la population palestinienne (p.169)

Chapitre_18 : La militarisation des colonies juives (p.181)

Chapitre_19 : Bilan de la colonisation juive à la veille de la guerre 1914-1918 (p.186)

Annexes : (p.188)

Bibliographie : (p.217)

§§§

La population juive de Palestine compte 24.000 personnes en 1882

Chronologie

Evènements en relation avec la Palestine,1876-1920.

<u>Source</u> : Avant leur diaspora. Une histoire des Palestiniens par la photographie (1876-1948), Walid Khalidi, Paris, Les éditions de la Revue d'Etudes Palestiniennes, 1986, 350 pages.

§§§

1876 - Promulgation de la Constitution ottomane.

1876-1877 - Le premier Parlement ottoman se réunit à Istanbul. Des députés palestiniens d'Al-Quds (Jérusalem) en font partie.

1878 - Fondation de « Petah Tikva », première colonie juive en Palestine.

1881 - Novembre : le gouvernement ottoman autorise les juifs étrangers, non ottomans, à s'installer partout dans l'Empire, sauf en Palestine.

1882 - Le baron Edmond de Rothschild commence à financer la colonisation juive en Palestine.
- début de la première vague d'immigration juive, de masse, en Palestine.
- la population juive de Palestine compte 24.000 personnes.
- juillet : le gouvernement ottoman autorise les pèlerins et les hommes d'affaires juifs à venir en Palestine, mais sans y résider ;
- décembre : les Autorités ottomanes avertissent les guides de la communauté juive d'Istanbul que la colonisation juive en Palestine devient un problème politique.

1884 - Mars : le gouvernement ottoman décide de

fermer la Palestine aux hommes d'affaires juifs étrangers (non ottomans), mais non aux pèlerins.

1888 – Mai - : les gouvernements européens font pression sur le gouvernement ottoman pour qu'il autorise les juifs étrangers (non ottomans) à s'installer en Palestine, à titre individuel à condition que cela ne soit pas massif.

1891 - Le financier juif Maurice de Hirsh fonde l'« Association pour la colonisation juive ». Le sultan Abdul-Hamid-II craint que la nationalité ottomane, octroyée aux immigrants juifs en Palestine, « n'aboutisse à la création d'un gouvernement juif à Jérusalem ».

1892 – Novembre - : Le gouvernement ottoman interdit la vente à des juifs étrangers non ottomans des terres appartenant à l'Etat, situées en Palestine.

1893 – Avril : les puissances européennes font pression sur le gouvernement ottoman pour qu'il autorise les juifs, résidant légalement en Palestine, à acheter des terres à condition qu'ils n'y installent pas de colonies.

1896 - L'« Association pour la colonisation juive » opère en Palestine.
- Publication de «L'Etat juif» du dirigeant sioniste hongrois Theodor Herzl. Herzl préconise la création d'un «Etat juif», soit en Argentine, soit en Palestine.
- le Sultan Abdul-Hamid II refuse de donner la Palestine aux juifs. Il répond à Herzl :
« Je ne peux aliéner aucune partie de l'Empire. Je ne peux accepter cette vivisection ».

1897 ++ Une commission dirigée par Muhammad Tâhir al-Husseyni, mufti (la plus haute dignité religieuse musulmane de Jérusalem), a pour mission d'examiner les méthodes sionistes d'acquisition des terres.

- août : **Premier Congrès sioniste**, à Bâle (Suisse). Adoption du « Programme de Bâle sur la colonisation de la Palestine » et fondation de l'« Organisation Sioniste Mondiale ».
- En réponse au Congrès sioniste, le Sultan fait gouverner la Palestine par l'administration de son propre Palais.

1898 - La presse de langue arabe réagit à la suite du premier Congrès sioniste.
Le journal du Caire « Al-Manar » met en garde contre les visées sionistes sur la Palestine.
- L'empereur d'Allemagne, Guillaume II, se rend à Jérusalem.
- Deuxième Congrès sioniste à Bâle.
- Herzl visite Jérusalem. Entrevue avec Guillaume II.

1899 - Octobre : Le représentant de l'« Association pour la colonisation juive», Albert Antebi, observe que le programme du 1er Congrès sioniste a entraîné une détérioration des relations entre les Palestiniens et les immigrés juifs.
- 19 mars : Herzl adresse une lettre au Maire palestinien de Jérusalem, dans laquelle il laisse entendre que si les sionistes ne sont pas les bienvenus en Palestine, ils iront ailleurs.
- Troisième Congrès sioniste à Bâle.

1900 - L'«Association pour la colonisation juive» est devenue responsable des colonies financées par le baron de Rothschild.
- juin : les Ottomans envoient une commission d'enquête en Palestine, pour étudier le résultat de l'immigration de masse et des acquisitions de terres par les juifs.
- Quatrième Congrès sioniste à Londres.

1901 - Sous la contrainte des Européens, le gouvernement ottoman autorise les juifs étrangers non otto-

mans, à acheter des terres, dans la partie nord de la Palestine.
- Création du **Fonds National Juif**, organisme chargé par l'« Association juive mondiale » d'acquérir des terres.
Les terres ainsi acquises, devront rester juives de façon inaliénable, et seuls des juifs y seront employés.
- janvier : Les Ottomans imposent des restrictions à l'immigration juive et aux acquisitions de terres dans le district de Jérusalem.
- mai : le conseil administratif de Jérusalem s'élève avec vigueur, contre les tentatives du « Fonds national juif » de devenir propriétaire de terres dans le district de Jérusalem.
- juillet : les Palestiniens de Tibériade expriment leurs inquiétudes devant la multiplication des achats de terres par les juifs.
- Cinquième Congrès sioniste à Bâle.

1902 - Janvier : La revue « Al-Manâr » lance un cri d'alarme : le sionisme cherche à établir sa souveraineté sur la Palestine.
- février : Antebi, représentant de l'« Association pour la colonisation juive », considère que « l'hostilité de la population locale coïncide avec la naissance du sionisme ».

1903 - Début de la 2ème vague d'immigration juive de masse en Palestine.
- décembre : la «Compagnie anglo-palestinienne» filiale de l'«Association pour la colonisation de la Palestine», s'établit en Palestine pour financer la colonisation juive.
- Sixième Congrès sioniste à Bâle. Crise ougandaise.

1904 - Mort de Theodor Herzl.
- août à septembre : Tensions entre colons juifs et paysans palestiniens de la région de Tibériade.

1905 - Publication du «Réveil de la nation arabe», de Nagib Azoury, une mise en garde contre les desseins politiques des sionistes en Palestine.
- Septième Congrès sioniste à Bâle.

1907 : Fondation du 1er kibboutz, exclusivement juif.
- Huitième Congrès sioniste à La Haye.
- août : Rapport du gouverneur de Jérusalem sur les transgressions, par les juifs, des lois ottomanes sur l'immigration et l'achat de terres.

1908 - Jaffa, Naplouse, Jérusalem et Acre élisent des députés au Parlement ottoman de 1908.
- Fondation à Haiffa de la revue palestinienne : «Al-Karmil».
- 16 mars : échauffourées à Yâfâ (Jaffa) entre des Palestiniens et des juifs, un Palestinien et 13 juifs sont tués.
- 24 juillet : Istanbul, début de la Révolution des ' Jeunes-Turcs'.

1909 - Fondation de « Tel-Aviv » au nord de Jaffa.
- février à avril : heurts entre juifs et Palestiniens près de Nazareth.
- juin : la question sioniste est posée pour la première fois au Parlement ottoman, par un député palestinien de Yâfâ (Jaffa).
- juillet : cinq membres du Parlement ottoman, dont un député palestinien de Jérusalem, rencontrent le dirigeant sioniste britannique, Sir Francis Montefiore, à Londres pour lui faire part de leur inquiétude au sujet des desseins politiques du sionisme.
- Neuvième Congrès sioniste à Bâle.

1910 - Les journaux arabes de Beyrouth, Damas et Haïfa, expriment leur opposition aux acquisitions de terres en Palestine par les sionistes.
- juin : les députés des provinces arabes au Parlement ottoman demandent au ministre de l'Intérieur des as-

surances contre la politique sioniste d'acquisition des terres en Palestine.

1911 - Le journaliste palestinien Najib Nassar publie le premier livre en langue arabe sur le sionisme intitulé « Le Sionisme : son histoire, ses objectifs, son importance ».
- Janvier-février : les Européens font pression sur les Ottomans pour obtenir l'autorisation d'achats de terres par les sionistes.
- Le journal palestinien « Filastin » parait en janvier. Il s'adresse à ses lecteurs en tant que «Palestiniens» ; il les met en garde contre les conséquences de la colonisation sioniste.
- Mars-avril : les députés arabes de : Jérusalem, Beyrouth et Damas, constituent un groupe au Parlement ottoman, et tentent d'arracher une législation contre l'immigration sioniste de masse en Palestine.
- Avril : dans un télégramme adressé à Istanbul, 150 Palestiniens de Jaffa exigent des mesures contre l'immigration sioniste de masse et les acquisitions de terres.
- 16 mai : deux députés de Jérusalem ouvrent le premier débat sur le sionisme au Parlement ottoman. Ils accusent les sionistes de vouloir créer un « Etat juif » en Palestine.
- Dixième Congrès sioniste à Bâle.

1912 – Election de députés palestiniens au Parlement ottoman. Ils représentent Gaza, Jérusalem, Naplouse et Acre.
- janvier : les Européens accentuent leur pression sur le gouvernement ottoman pour qu'il facilite les acquisitions par les sionistes de terres en Palestine.

1913 – Janvier : un collaborateur palestinien de «Filastin» écrit : « Les sionistes vont s'emparer de notre pays, village par village, ville par ville ».
- Onzième Congrès sioniste à Vienne.

1914 - 1er août : la Première Guerre mondiale éclate.

1915 - 14 juillet : commencement de «La Correspondance, entre le Chérif Hussayn et Sir Henry Mac-Mahon», haut-commissaire britannique en Egypte.
- août : Djemal Pacha, le gouverneur militaire de Syrie, fait pendre onze arabes nationalistes à Beyrouth.

1916 - 30 janvier : Fin de la « Correspondance Hussayn-Mac-Mahon ».
Pour les Arabes, la correspondance semblait donner, après la 1ère guerre mondiale, l'assurance de l'indépendance des provinces arabes de l'Empire ottoman, y compris la Palestine.
- mai : Djemal Pacha fait pendre à Beyrouth et à Damas 21 dirigeants et intellectuels arabes, dont deux Palestiniens.
- 16 mai : signature des **«Accords secrets Sykes-Picot»** qui partagent les provinces arabes de l'empire ottoman entre la Grande Bretagne et la France.
- juin : le Chérif Hussayn proclame l'indépendance arabe et le rejet de la domination ottomane, sur la foi de sa « Correspondance avec Mac-Mahon ».
La révolte arabe contre Istanbul commence.
- novembre : le Chérif Hussayn est proclamé «Roi des pays arabes».

1917 - Des sionistes britanniques tiennent congrès à Manchester.
- 2 novembre : le ministre britannique des Affaires étrangères, Arthur James Balfour, écrit au baron Lionel Walter de Rothschild pour l'assurer du soutien britannique à un Foyer national juif en Palestine (**Déclaration Balfour**).
- 9 décembre : reddition des armées ottomanes de Jérusalem aux forces du général britannique Allenby.

1918 - Septembre : **la Palestine est entièrement**

occupée par les forces alliées d'Allenby.
- 30 octobre : fin de la Première Guerre mondiale.

1920 - **Le traité de Sèvres confie le mandat sur la Palestine à la Grande Bretagne.**

Fin de la Chronologie

Les pays européens sont favorables à l'installation des juifs en Palestine. Ils ont des visées coloniales sur ce pays

Chapitre_1

La Palestine, un enjeu européen

- 1 - La Palestine, un enjeu européen
- 2 - A l'origine de l'immigration juive en Palestine

§§§

1 - La Palestine, un enjeu européen

La Grande Bretagne est le fer de lance des pays européens dans leur lutte contre l'Empire ottoman, depuis le début du dix-neuvième siècle.
Quand elle occupe l'Egypte (1882), elle a depuis longtemps déjà des visées coloniales sur la Palestine, position stratégique pour la défense du Canal de Suez et de la Route des Indes.

La France, elle aussi, lorgne la Palestine.
Bonaparte, lors de son entreprise coloniale en Orient, en 1799, appelle les juifs d'Afrique et d'Asie à combattre sous sa bannière pour la reconstruction de l'ancien « Royaume de Jérusalem ».
Bonaparte est le premier homme d'Etat à appeler à la création d'un « Etat juif » en Palestine, 118 ans avant la Déclaration Balfour de 1917.
L'appel de Bonaparte tient compte de ce qui se passait alors, dans la communauté juive.
En effet, en 1798, un juif français demande à tous les juifs du monde de créer une Assemblée pour demander au gouvernement français sa collaboration, en vue du retour de la Palestine à son « peuple d'origine »[1].

---

[1] - La Grande Bretagne, par « La Déclaration Balfour » (1917), reconnait aux juifs des droits politiques sur la Palestine :
La Déclaration Balfour, 1917 : Création d'un foyer national juif en Palestine présentée par Renée Neher-Bernheim, Paris, 1969, 473p.
Le dirigeant sioniste Weizmann qualifie Bonaparte de « premier sioniste moderne non juif ».

Par ailleurs, on assiste en Europe, à cette époque, au bouillonnement des idées de la Révolution Française et des idées apocalyptiques[2].

Le projet de Bonaparte est donc le produit de trois sionismes, chrétien, laïc et juif[3].
(Voir Annexe_8 (p.202) : A propos du sionisme chrétien).

En attendant la France colonise l'Algérie (1830), la Tunisie (1881), deux possessions ottomanes.

L'appel de Bonaparte paraît dans « Le Moniteur » journal officiel du gouvernement français du 22 mai 1799.
Le secrétaire de Napoléon III, Ernest Laharan, est le leader des sionistes non juifs en France au 19-ème siècle.
Dans son livre (1860) : « La question d'Orient, les Arabes et la renaissance de la nation juive », il appelle à l'établissement d'un « Etat juif » en Palestine, in : « Le sionisme non juif, ses racines dans l'histoire de l'Occident », Al Yom Assabeh, hebdomadaire arabe, Paris, 20 janvier 1986.
Voir aussi : J.M.N. Jeffries : The reality, London, 1939 (préface de l'auteur datée de la fin 1938) traduit à l'arabe sous le titre : Filastin ilaykom al haqiqa, par Ahmad Khalil Al-Hadj, Le Caire (Al Hay'a al misriya al 'amma li-ta'lif wal-nachr) :
Vol. I, 1971, 313 pages, Vol. II, 1972, 257 pages, Vol. III, 1973, 187 pages, Vol. IV, 1973, 205 pages, Vol. I, p. 78.
Les sionistes, aidés par des hommes d'État anglais, américains et autres colonialistes, font tout pour empêcher la diffusion de ce livre. Ils en achètent de nombreux exemplaires pour les brûler.
Ceci ne suffit pas. Ils se rendent dans les librairies anglaises, américaines et françaises pour dissuader leurs propriétaires de vendre le livre.
Le ministère anglais faisait pression sur l'auteur pour ne pas publier le livre (c'était en 1939), en prétextant, qu'il fallait unir les peuples d'Europe, au lieu de critiquer les agissements des Britanniques en Palestine.
2 - On croit que le Jugement dernier arrivera bientôt. Les juifs rassemblés en Terre Sainte, se convertiront alors au christianisme. Les idées apocalyptiques sont propagées par Jacob Frank (1726-1791), juif polonais qui se convertit au christianisme et se proclame « messie ».
Sa doctrine se propage en Pologne, en Allemagne et en Hongrie.
3 - « Le projet d'Etat juif attribué à Bonaparte », Henry Laurens, Revue d'Etudes Palestiniennes, Paris, num. 33, automne 1989, p. 69-83, p. 79-80.

De son côté, l'Italie occupe en 1912 la Libye qui est la dernière possession ottomane au Maghreb.
L'Italie ne perd pas ses visées sur la Palestine, prétextant y défendre les intérêts des catholiques, intérêts défendus traditionnellement par le Vatican.

La Russie, après sa victoire sur les Ottomans en 1878, n'est pas loin de réaliser son rêve : reprendre Istanbul (l'ancienne Constantinople), pour jouer le rôle de l'ancienne puissance byzantine, et s'installer en Palestine pour y défendre les intérêts des chrétiens orthodoxes. Mais les visées russes sont contrariées par le traité de Berlin (1878) et plus tard, par la Révolution d'Octobre (1917), occupée par d'autres problèmes[4].

L'Allemagne, qui n'a pas de projet d'occupation de la Palestine, a de bonnes relations avec les Ottomans.
L'Empereur allemand Guillaume-II se rend en Palestine en 1898, lors de sa visite officielle au sultan Abdul-Hamid-II (1876-1909).

La défaite du sultan, détrôné en 1909, et de l'empereur, battu en 1918, les éloigne définitivement de la scène politique.

La plupart des pays qui ont une visée coloniale sur la Palestine, sont favorables à l'installation des juifs dans ce pays.

2 - A l'origine de l'émigration juive en Palestine

L'émigration juive s'inscrit dans le cadre de l'explosion démographique au 19ème siècle en Europe, quand de nombreux ensembles de population émigrent vers l'Amérique et les colonies européennes.

---

[4] - Le traité de Berlin (1878) entérine une entente entre Britanniques et Français : la Grande Bretagne reconnaît les intérêts français en Syrie, et la France ceux des Britanniques à Chypre.

(Voir Annexe_7 (p.199) : Questions d'émigration et de population).
C'est à partir de 1875 que débutent les vagues d'émigration juive.

Plus de deux millions de juifs émigrent aux Etats-Unis d'Amérique, entre 1881 et 1914 ; cependant l'émigration vers la Palestine reste très faible, elle est essentiellement religieuse.

Plusieurs facteurs sont à l'origine de cette émigration juive vers la Palestine :

+++ L'aspect religieux : l'enracinement du «sionisme chrétien»[5] et la capacité de la communauté religieuse juive à entretenir la nostalgie des juifs envers la Palestine.

De plus, une complicité s'établit entre les antisémites européens et les juifs, les premiers espérant se défaire des seconds.

+++ Des lettrés juifs participent au réveil de la conscience nationale juive[6].

---

[5] - Au seizième siècle, avec la Réforme et la Renaissance, l'attitude des chrétiens vis à vis des juifs change complètement.
La Palestine devient une terre juive dans la pensée de l'Europe protestante.
Contrairement aux catholiques, les protestants militent pour le retour des juifs en Palestine, ce retour devant précéder celui du Christ et la reconstruction du Royaume de Dieu.
C'est ce qu'on appelle le sionisme chrétien. Voir Annexe_8 (p.202): Apropos du sionisme chrétien).
[6] - Déjà, au 18ème siècle, Moshé Mendelson (1729-1786), philosophe juif allemand, contribue à réformer le judaïsme.
Le rabbin prussien, Tzvi Hirsh Kalischer (1874-1895), est un adversaire farouche de l'assimilation des juifs dans les collectivités nationales où ils vivent. Il écrit en 1861 « A la recherche de Sion ».
Grâce aux efforts des rabbins Tzvi Hirsh Kalischer et Alkalaï, la première association sioniste d'Allemagne est créée.
Le philosophe juif allemand, Moses Hess (1812-1875), adhère aux idées de Kalischer. Dans « Rome et Jérusalem » (1862), il proclame

+++ La naissance du «sionisme juif politique»[7] dont le projet d'occupation de la Palestine s'inscrit dans le mouvement européen de colonisation du 19ème S.

+++ Selon Khalid Qashtînî, le facteur psychologique est important. Il étudie la personnalité et la mentalité de certains dirigeants sionistes de culture juive qui affichent leur laïcité et leur athéisme[8].

+++ L'affaire «Dreyfus» fait prendre conscience au journaliste juif Theodor Herzl.
Herzl est un correspondant d'un journal de Budapest à Paris en 1891. Il édite « L'Etat juif » (1895), dont l'idée principale est la reconstitution de l'« Etat juif », solution de la question juive[9].

+++ L'instrumentalisation des juifs (par l'Angleterre) afin de prendre pied en Orient encore sous domination ottomane.

Parmi ces facteurs, le dernier est le plus important.
Fin du Chapitre_1

---

l'impossibilité organique des juifs de fusionner avec les communautés non juives.
7 - Vers la fin du dix-neuvième siècle, juifs religieux et non religieux se fédèrent. Leur projet est la création d'un « Etat juif », exclusivement juif, en Palestine. C'est le sionisme juif politique.
8 - Qashtînî Khalid, Takwin al-sahyûniyya (La Genèse du sionisme), Beyrouth, al Mu'assassat al 'arabiyya lil-dirâssat wa-l-nashr, 1986, 270 p., voir : Revue d'Etudes Palestiniennes, Paris, num. 22, hiver 1987, p. 94-95. L'auteur refuse de voir le sionisme seulement comme une marionnette entre les mains de l'impérialisme. Il pense que l'entité sioniste est «un pays en danger de guerre et de paix (qui), court à sa perte».
9 - Alfred Dreyfus, militaire juif français, soupçonné et condamné pour espionnage en 1894, réhabilité en 1906. Herzl assiste au procès de Dreyfus en 1894.
A cette époque, Herzl ne pense pas à la Palestine, en particulier, comme futur « Etat juif », mais à l'Argentine entre autres pays.

Les juifs se mettent volontiers sous la coupe des Britanniques, car ils savent que, seuls, ils ne peuvent pas occuper la Palestine.

Chapitre_2

Intérêts britanniques et intérêts juifs

1 - Convergence des intérêts britanniques et juifs.
2 - La Grande Bretagne, protectrice des juifs en Palestine.
3 - Les Britanniques s'efforcent de convaincre les Autorités ottomanes d'accepter les juifs, comme colons, en Palestine.

&&&

1 - Convergence des intérêts britanniques et des intérêts juifs

La collaboration entre Britanniques et juifs se fait, une fois définis les objectifs des uns et des autres :
Pour les Britanniques, il s'agit de conquérir les provinces arabes de l'Empire ottoman et pour les juifs, créer un « Etat juif » en Palestine.

Une véritable division du travail s'établit, alors, entre les deux parties :

- les Britanniques encouragent les juifs à émigrer en Palestine[10]. Ils représentent les juifs auprès des Ottomans, et ils assurent leur défense, via leurs consulats, comme ils le font pour les sujets britanniques.
Les Britanniques « couvrent » des entreprises juives pour l'achat de terres en Palestine, et ils encouragent l'émigration juive clandestine vers ce pays.
- les juifs, de leur côté mettent des moyens à la disposition des Anglais (financement du Canal de Suez). Ils mobilisent la presse pour flatter ou dénigrer les Autorités ottomanes, selon la conjoncture.

---

10 - L'idée du retour des juifs en Palestine est déjà bien répandue depuis longtemps en Grande Bretagne, grâce aux Puritains.

Enfin, les juifs se mettent volontiers sous la coupe des Britanniques, car ils savent que, seuls, ils ne peuvent pas occuper la Palestine.

Lorsque la Palestine est sous le gouvernement de l'Egypte de Muhammad-Ali (1831-1841)[11], Lord Shaftesbury[12] propose (été 1838) à Lord Palmerston, le ministre anglais des Affaires étrangères de 1784 à 1865, un projet de colonisation de la Palestine par les juifs, sous la protection britannique. Lord Palmerston, intéressé par le projet, fait ouvrir en 1838 un consulat britannique à Jérusalem, ce qui fait naître chez Mohammad-Ali des doutes sur les intentions des Britanniques et des juifs[13].

En installant une population juive « amie » en Palestine, l'Angleterre cherche à contenir l'Egypte au nord et l'empêcher de s'étendre en Syrie[14].

Il s'agit d'éviter la naissance d'un monde arabe moderne et le renouvellement d'une gouvernance com-

---

[11] - Muhammad-Ali (1769-1849), Pacha d'Egypte (1805-1849).
Après l'échec de l'aventure de Bonaparte en Egypte, il s'empare du pouvoir en 1804.
Il se fait reconnaître 'Pacha d'Egypte' par le Sultan ottoman, puis il s'éloigne du gouvernement ottoman.
Les Egyptiens voient en lui l'initiateur de la renaissance arabe (an-Nahda).
[12] - Lord Shaftesbury (1801--1885), millénariste protestant, milite pour le retour des juifs en Palestine.
[13] - « Al Istaytan as-sahyuni fi Filastin : 1882-1991 » (La colonisation sioniste en Palestine), selon Amine Mahmud 'Ataya, Al-Wahda, Rabat (Maroc), num. 99, décembre 1992, p. 43-60, p. 44.
[14] - « Si le peuple juif retourne en Palestine sous la protection et la bénédiction du Sultan, ce sera une interposition entre, Muhammad-Ali et son successeur et la réalisation de son projet néfaste à l'avenir », Mémoire cité dans « Al Muchqilat al-qanuniyya al mutaffi'a 'an al-qadiyyat el-filastiniyya, Docteur Hamed Sultan, in : Wathaïq Filastin: mi'atan wathamanuna wathiqa mukhtara 1839-1987 (Documents et Archives sur la Palestine : 280 documents choisis: 1839-1987), Daïrat ath-thaqafa (OLP), 1987, 486 p., p. 9. Voir documents, Paris, Institut du Monde Arabe.

me celle des Mamlouks qui ont gouverné l'ensemble Egypte-Syrie de 1250 à 1517[15].

Lors du traité de Londres (15 juillet 1840), il a été décidé la formation d'une coalition comprenant l'Angleterre, l'Autriche, la France, la Prusse et la Russie.
La coalition a bombardé Beyrouth au Liban et St Jean d'Acre en Palestine, et a obligé Ibrahim Pacha, fils de Muhammad-Ali, à quitter la Syrie dont il était gouverneur.

2 - La Grande Bretagne, protectrice des juifs en Palestine

Le vice-consul anglais à Jérusalem, chargé d'étudier l'affaire des juifs en Palestine[16], propose en 1839, que la protection de ceux-ci soit assurée par les Britanniques[17]. Ainsi, les Britanniques contrebalanceront leur handicap vis-à-vis des autres pays, qui protègent déjà les catholiques, les arméniens, les protestants, etc.

---

15 - Muhammad-Ali a ses propres ambitions. Pourquoi pas un empire arabe indépendant des Ottomans ? Voir : Pour une histoire profane de la Palestine, Lotfallah Soliman, Paris, La découverte, 1988, 210 p., p. 10. La Grande Bretagne combat cette idée.
16 - En 1839, John Bidwell, secrétaire du ministre britannique des Affaires étrangères Lord Palmerston, écrit à William Young qui vient d'être nommé vice-consul britannique à Jérusalem pour lui signifier sa nouvelle mission : « Je suis chargé par le vicomte Palmerston de vous faire savoir qu'une partie de votre tâche de vice-consul britannique à Jérusalem sera d'apporter votre protection à tous les juifs. Vous saisirez la première occasion pour faire à son éminence un rapport sur la situation actuelle des juifs en Palestine», La Déclaration Balfour, 1917: Création d'un foyer national juif en Palestine présentée par Renée Neher-Bernheim, Paris, 1969, 473 pages, p. 48, notes 18 et 19.
17 - Dans une lettre au ministre britannique des Affaires étrangères Palmerston, datée du 4 mars 1839, le vice-consul britannique à Jérusalem, William Young dit : « Il y a deux parties à prendre en considération,les juifs à qui Dieu a donné à l'origine cette terre en possession et les chrétiens protestants », Voir : Lettre citée dans « British Interests in Palestine », by A.L. Tibawi, voir : Wathaïq Filastin, o.c. p. 81.

Lord Shaftesbury utilise des arguments politiques afin de convaincre Lord Palmerston de jouer la carte juive en Palestine, comme vient de le faire le Tsar, avec les chrétiens orthodoxes, suite au traité russo-turc d'Unkiar-Skelessi (1833).
En effet, Palmerston n'est pas sensible aux arguments religieux pour la création d'un «Etat juif», mais il a sur cette question un point de vue colonialiste :
« Je suis obligé de parler en termes politiques, financiers, écrit Lord Shaftesbury, car Palmerston ne pleure pas sur Jérusalem »[18].

Assurément, Jérusalem n'est plus, depuis le début de ce 19ème siècle « une terre consacrée par la main de Dieu, mais une sorte de propriété privée à mesurer, sonder, fouiller, reconstruire, recoloniser, sous divers prétextes, scientifiques, théologiques ou historiques qui dissimulaient à peine les intérêts politiques, financiers et militaires sous-jacents »[19].

La Grande Bretagne ne se contente pas de protéger les juifs de Palestine, mais elle prétend protéger tous les juifs de l'Empire ottoman.
Et, le plus cynique dans cette affaire est que les juifs britanniques ne profiteront des mêmes droits que les autres citoyens britanniques qu'en 1890 seulement[20].
En protégeant les juifs, la Grande Bretagne profite de leurs finances pour réaliser ses projets coloniaux.

---

18 - La Palestine, Roger Garaudy, Paris, 1986, 397 p., p. 178. Selon Norman Bentwich et John Shatflesley dans : Précurseurs du sionisme à l'époque victorienne.
19 - F.E. Peters, Jerusalem : The Holy City in the Eyes of Chroniclers, Visitors, Pilgrims, and Prophets from the Days of Abraham to the Beginning of Modern Times, Princeton University Press, XIV + 636 p. Voir : Note de Lecture dans Revue d'Etudes Palestiniennes, Paris, num. 24, été 1987, p. 120-123.
20 - D'ailleurs la France pratique la même politique en s'imposant auprès des Ottomans comme protectrice des Algériens qui se réfugient en Syrie, fuyant la soldatesque française qui met à feu et à sang leur pays depuis 1830.

Le gouvernement britannique souligne, en 1845, l'importance pour la Grande Bretagne de la judaïsation de la Palestine[21].

Dans la même année, l'anglais Mitford, dans « Appel en faveur de la nation juive », écrit :
« Outre ses incalculables avantages, économiques et stratégiques, un Etat juif mettrait entre nos mains l'ordonnance de nos voies de communication à vapeur, et nous donnerait une position capitale au Levant d'où nous pourrions faire échec à toute tentative de les paralyser surclasser nos ennemis et à l'occasion repousser leurs attaques »[22].

Dans un livre adressé à la reine Victoria (1846) le colonel Georges Gould annonce, que la sérénité en Orient passerait par l'installation d'une colonie juive en Palestine[23].

Et c'est au moment où l'Angleterre s'impose, comme protectrice des juifs, que des groupes de francs-maçons juifs soutiennent les aspirations juives à un E-

---

21 - The Attitude of the ottoman empire toward the zionist movement 1897-1909, Hassan Ali Hallak, Beyrouth, 1980, 425 pages, p. 58-59.
22 - La Palestine, o.c. p. 52.
23 - J.M.N. Jeffries : The reality, London, 1939 (préface de l'auteur datée de fin 1938) traduit à l'arabe sous le titre : Filastin ilaykom al haqiqa, par Ahmad Khalil Al-Hadj, Le Caire (Al Hay'a al misriya al 'amma li-ta'lif wal-nachr), Vol I, 1971, 313 pages, Vol II, 1972, 257 pages, Vol III, 1973, 187 pages, Vol IV, 1973, 205 pages), p. 80, Vol I.
Les sionistes, aidés par des hommes d'État anglais, par des Américains et d'autres colonialistes, font tout pour empêcher la diffusion de ce livre. Ils en achètent de nombreux exemplaires pour les brûler. Cela ne suffit pas.
Ils se rendent dans les librairies anglaises, américaines et françaises pour dissuader leurs propriétaires de vendre l'ouvrage.
Le ministère anglais faisait pression sur l'auteur pour ne pas publier son livre (on était en 1939), prétextant qu'il fallait unir les peuples d'Europe, au lieu de dévoiler les agissements de l'Angleterre en Palestine.

tat en Palestine[24].

Les juifs passent alors, de simples protégés des Britanniques à des collaborateurs directs de ces derniers dans leur projet colonial en Orient.
Cette évolution est une façon, pour eux, de remercier les Britanniques de reconnaître les aspirations juives « nationales » en Palestine.

C'est ainsi que le colonel Charles-Henry Churchill, alors consul britannique à Damas, qui voit dans le retour des juifs en Palestine, la meilleure résolution des problèmes de la région, adresse une lettre (juin 1841) à Montefiore, président du 'Corps représentatif du judaïsme britannique' Board of Deputies British Jews[25]. Dans cette lettre le consul propose une répartition des tâches, entre les Britanniques et les juifs, et un programme de travail pour ces derniers.
Déjà donc, l'idée du futur congrès sioniste est presque mûre, en Grande Bretagne du moins[26].

---

24 - Une de ces formations de francs-maçons, la «B'nai Brith» fondée en 1843, a pour but «la lutte contre les antisémites et le travail pour la patrie lointaine». Cette organisation crée à Al-Quds (Jérusalem) et dans des villes américaines des filières connues sous le nom de « Maison Hillel », Voir : Attitude ottomane, o.c. p.57 (d'après Moshé Catane, Les Juifs dans le monde, Paris, 1962, p.153).
Aujourd'hui encore, la « B'nai Brith » américaine a des relations étroites avec les services de renseignements « israéliens ».
Voir : Mikel Colins Beyber, Aljazeera.net du 13 mars 2003.
25 - Un juif américain, Judah Touro (1775-1854) de la Nouvelle Orléans lègue 10.000 dollars pour les juifs de Palestine. Sir Moses Montefiore, premier maire juif de Londres, est désigné son exécuteur testamentaire. In : La Déclaration Balfour, 1917, o.c. p. 44.
Montefiore effectue un premier voyage en Palestine en 1827.
26 - Le colonel Charles-Henry Churchill, consul britannique à Damas, adresse une lettre à Montefiore en juin 1841:
« Cher Sir Moses, je ne puis vous cacher mon désir ardent de voir vos compatriotes essayer une fois de plus de retrouver leur existence nationale. Mais deux choses sont absolument indispensables. La première, que les juifs prennent en main la chose sur le plan universel et d'une manière unanime.
La seconde, que les puissances européennes les encouragent.

3 - Les Britanniques essayent de convaincre les Ottomans d'accepter les colons juifs en Palestine[27]

Si la lettre du Consul britannique à Damas, citée ci-dessus, n'a aucun caractère officiel, les lettres adressées par le ministre des Affaires étrangères, Palmerston, à l'ambassadeur britannique à Istanbul sont officielles.

Palmerston intervient, par l'intermédiaire de son ambassadeur à Istanbul (11/08/1840), auprès des Autorités ottomanes pour demander au Sultan de cautionner le projet de colonisation juive en Palestine[28].

Quelques mois plus tard (février 1841) le ministre britannique revient à la charge, par le même canal, pour convaincre les Ottomans de légaliser l'immigration de juifs d'Europe et d'Afrique en Palestine.

Car ceux-ci désirent obtenir du Sultan une garantie.

Palmerston pense en outre que les juifs peuvent compter sur la protection britannique et qu'il leur est possible de faire parvenir leurs doléances aux Autorités

---

Je dis que c'est aux juifs à être prêts à affronter une pareille épreuve diplomatique », La Déclaration Balfour, o.c. p. 45, 47-48 et 444.

27 - Ils vont jusqu'à leur demander, en 1845 d'expulser les Palestiniens de Palestine vers l'Asie Mineure, afin de laisser leur place aux juifs.

28 - «Les juifs d'Europe ont le sentiment profond que le moment où ils retourneront en Palestine en tant que nation est proche».

«Les juifs d'Europe sont riches et le pays qui les recevra tirera un grand profit de ces richesses». «Si le peuple juif retourne en Palestine sous la protection et la bénédiction du Sultan, ce sera une interposition entre Muhammad-Ali et son successeur et la réalisation de son projet néfaste à l'avenir». « Un encouragement du Sultan à la colonisation, même s'il n'entraîne pas une importante immigration, mais un décret dans ce sens entraîne parmi les juifs d'Europe un sentiment d'amitié envers le sultan». In : Mémoire cité dans « Al Muchqilat al-qanuniyya al mutaffi'a 'an al-qadiyyat el-filastiniyya, Docteur Hamed Sultan, in Wathaïq Filastin : Mi'atan wa thamanuna wathiqa mukhtara de 1839 à 1987, (Archives & Documents sur la Palestine : 280 documents choisis 1839-1987), Daïrat ath-thaqafa (OLP), 1987, 486 p., p. 9. Voir documents, Paris, Institut du Monde Arabe.

ottomanes par le truchement des représentations britanniques[29].

En relation avec les Britanniques et, aidé par les rabbins Abraham Chouchna et Samuel 'Abbou, Montefiore essaye de convaincre Muhammad-Ali pour la location ou l'achat de terres en vue de la construction d'un quartier juif à Jérusalem, dédié à l'apprentissage des métiers de l'agriculture[30].

Après avoir consulté le Conseil d'Al-Quds (Jérusalem), Muhammad-Ali rejette la demande de Montefiore.
Il propose à ce dernier des terres dans d'autres parties de Syrie[31].
Montefiore ne renonce pas à son projet de colonisation, lorsque la Palestine ne sera plus sous le pouvoir de Muhammad Ali, après 1841.
Il change simplement d'interlocuteur.

Fin du Chapitre_2

---

29 - Lettre citée dans « Al Muchqilat al-qanuniyya al mutaffi'a 'an al-qadiyyat el-filastiniyya, Docteur Hamed Sultan, in : Wathaïq Filastin, o.c. p. 10.
30 - Au début du 19ième siècle, à l'appel du rabbin de Londres et de Moses Montefiore, un rassemblement de juifs réunit (130 mille) livres sterling pour engager le projet du retour des juifs en Palestine, The Attitude of the ottoman empire, o.c. p. 52.
31 - Ibid, p. 53-54.
Le Conseil de Jérusalem réagit à la demande des juifs en disant que ceux qui en sont à l'origine sont des juifs étrangers (non ottomans) et non des juifs de Palestine.

Une « Terre sans peuple » sous-entend l'idée de « Transfert », autrement dit, l'expulsion des Palestiniens de Palestine

Chapitre_3

«Une terre sans peuple». Le transfert des Palestiniens

1- « Une terre sans peuple »
2- Le transfert des Palestiniens

§§§

1 - « Une terre sans peuple »

L'expression «Une terre sans peuple» est l'un des fondements de la doctrine sioniste.
Elle équivaut à une « Terre vide », formule chère aux colonialistes européens.
En effet que faire d'une population colonisée, sinon la nier, la supprimer ou l'expulser ?[32]

Le premier à utiliser l'expression «Un peuple sans terre pour une terre sans peuple», est Lord Shaftesbury (1801-1885), un millénariste protestant militant passionné pour le retour des juifs en Palestine.

En 1853, à la veille de la guerre de Crimée, Lord Shaftesbury écrit :
La Syrie est un pays sans nation qui doit être donné à une nation sans pays, le peuple élu par Dieu.

Dans ses conférences, l'américain John Lawson Stoddard (1850-1931) reprend la devise :

---

[32] - « Terre vide », c'est à dire terre où l'existence des populations autochtones est niée. Dans un essai photographique sur la société palestinienne les Palestiniens n'apparaissent pas dans la période étudiée (1880 à 1946).
Voir : Sarah Graham-Brown, Palestinians and their Society, 1880 à 1946 : A photographic essai, Londres, Quartet Books, 1980, 184 p. Note de lecture «Essai photographique sur la société palestinienne de 1880 à 1946» in : Revue d'Etudes Palestiniennes, Paris, num. 2, hiver 1982, p. 97-102.

Il déclare en 1891 : « Vous êtes un peuple sans terre, il y a une terre sans peuple.
Remplissez les rêves de vos anciens poètes et des patriarches. Revenez, à la terre d'Abraham »[33].
(Voir : Annexe_1 (p.189) : Repère succinct sur la population juive).

Dans un ouvrage publié en 1998 Michael Prior critique le crédit donné aux études sur la Palestine, en Occident, qui s'appuient plutôt sur la Bible que sur l'approche scientifique. D'où, l'importance du récit historique de la Bible dans l'origine du drame palestinien aujourd'hui[34].

Les chercheurs qui s'appuient sur la Bible, présentent le terme « Peuple d'Israël » au 19 ème siècle comme une vérité historique et comme le seul terme qui convient, pour définir les habitants de la Palestine depuis le bronze (2 millénaires avant J.C.). Cela a joué un rôle important dans la légende sioniste :
«Un peuple sans terre retourne à une terre sans peuple»[35].

Mais, la réalité dans ce même dix-neuvième siècle est que la Palestine est « peuplée ».

La Palestine convoitée, supposée «terre vide », a toujours eu sa personnalité, même du temps des Otto-

---

[33] - Laurens Henry, « Genèse de la Palestine mandataire », Maghreb-Machreq, Paris, n°140, avril-juin 1993, p. 3-34, p. 4-6.
[34] - L'historicité de la Bible est remise en cause depuis longtemps. Les chercheurs sionistes eux-mêmes reconnaissent aujourd'hui que les écrits de la Bible n'ont rien d'historique.
Cf : La Bible dévoilée : Les nouvelles révélations de l'archéologie, Israël Finkelstein (Université de Tel-Aviv) et Neil Asher Silberman. Traduit de l'anglais, Patrice Ghirardi, Paris, Bayard Editions, 2002, 432p.
[35] - Michael Prior, Western Scholarship and the History of Palestine, éd. Melisende (London), 1998, 111 p. Voir: Majallat ad-Dirasat al-Filastiniyya (Revue d'Etudes Palestiniennes, en arabe), Nicosie, num. 41, hiver 2000, p. 184.

mans[36].

En 1986, Alexander Schölch publie une étude importante dans laquelle il décrit la croissance économique de la Palestine et son identité propre[37].

2 - Le transfert des Palestiniens

L'expression « Une terre sans peuple » sous-entend l'idée de « Transfert », autrement dit l'expulsion des Palestiniens de Palestine.
Cette idée, qui a des racines profondes dans la pensée juive, se concrétise sous nos yeux, depuis des décades :
Expulsion d'un très grand nombre de Palestiniens de leur pays après la création d'Israël en 1948, et depuis, expulsion de fellahs, destruction de leurs habitations, et de leurs champs.
Ajoutée à cela, l'implantation ininterrompue de colonies juives exclusives, construction du Mur de l'apartheid, etc.

---

[36] - Rachid Khalidi, Palestinien Identity : The Construction of Modern National Consciensness, (Comlumbia University), New York, 1997, 309 p. Ttraduction de ce livre: L'identité palestinienne : la construction d'une conscience nationale (traduit de l'anglais par Joëlle Marelli), Ed. La Fabrique, Paris, 2003, 402 p. Voir note de lecture : Majallat ad-Dirasat al-Filastiniyya (Revue d'Etudes Palestiniennes, en arabe), Nicosie, num. 35, été 1998, p. 185-193.
Voir également : Beshara Doumani, universitaire de Pennsylvanie, «La redécouverte de la Palestine ottomane», Revue d'Etudes Palestiniennes, Paris, num. 46, hiver 1993, p. 101-128.
[37] - Alexander Schölch, Palästina im Umbruch, 1856-1882, Stutgart, 1986. Un article est paru en anglais sur cet ouvrage avant sa publication. Il s'agit de : « The Economie Development of Palestine, 1856-1882 », « Journal of Palestine Studies », X, numéro 39, printemps, 1981.
En français, il existe une note de lecture de l'ouvrage de Schölch : «Le développement économique de la Palestine, 1856-1882», Revue d'Etudes Palestiniennes, Paris, num 10, hiver 1984, p. 93-113. L'ouvrage d'Alexander Schölch est traduit en anglais sous le titre : Palestine in transformation 1856-1882 ; il est traduit de l'allemand par William C. Young et Michael Gerrity, Institut for Palestine Studies, Washington, D.C., 1993, 351 pages.

Conformément à la Bible Dieu promet la terreur et les guêpes pour expulser les habitants de la Terre Promise devant la progression des Hébreux, dirigés par Josué.

Yahya dit : « Je ferai marcher devant vous la terreur de mon nom ; j'exterminerai tous les peuples dans le pays desquels vous entrerez et je ferai fuir vos ennemis devant vous ».

Yahya ajoute: « Je ne les chasserai pas devant votre face en une seule année, de peur que le pays ne soit réduit en solitude et que les bêtes sauvages se multipliant, ne se soulèvent contre vous ». « Je les chasserai, peu à peu devant vous jusqu'à ce que vous vous accroissiez et que vous vous rendiez maîtres de tout le pays».

Yahya conclut : «Ils n'habiteront point dans votre terre, de peur qu'ils ne vous portent à m'offenser en servant les dieux qu'ils adorent, ce qui sera certainement votre ruine»[38].

L'expulsion des Palestiniens est perçue par les occupants de Palestine moderne comme normale car ceci est gravé dans les textes sacrés, enseignés à l'école et à la maison.

Dans le Talmud[39], Josué adresse avant son arrivée en Palestine un ultimatum aux habitants :
«Se soumettre et accepter d'être esclaves, de couper le bois et puiser l'eau, ou émigrer volontairement».

Les expressions « puiseurs d'eau » et « coupeurs de bois » sont toujours employées de nos jours ; en hébreu moderne, elles déterminent les Palestiniens sous domination juive[40].

---

[38] - La Bible, traduction de Lemaître de Sacy, Paris, 1990, p. 94, Exode, ch. 23, versets 27, 29-30 et 33.
[39] - Talmud, recueil comprenant la Loi orale juive et les enseignements des Grands rabbins.
[40] - « L'idée du transfert dans la doctrine sioniste », Israël Shahak, Président de la Ligue des Droits de l'Homme en Israel, Revue d'E-

Au nom de la religion, les juifs justifient leur occupation de la Palestine. Les sionistes, y compris leurs éléments athées, sont obligés de faire appel à la religion et aux légendes juives, car une colonisation de la Palestine à l'« européenne », est impossible faute d'arguments et de moyens.

Le concept du transfert sera adopté par les dirigeants sionistes successifs jusqu'à aujourd'hui.

Dans son journal (12 juin 1895), Herzl est clair sur ce sujet. Il faut pousser, dit-il, les Palestiniens indigents à passer les frontières, et essayer de leur trouver du travail dans les pays de passage.
On ne doit absolument pas leur donner du travail dans « notre » pays. L'expropriation et le déplacement des pauvres doivent être menés de façon discrète[41].

En 1891, lors d'une conversation entre des pionniers juifs des « Amants de Sion », on retient :
«- Nous devrions aller vers l'est, vers la Transjordanie. Ce serait un test pour notre mouvement.
- Sottises. N'y a-t-il pas assez de terres, en Judée et en Galilée ?
- La terre en Galilée est occupée par les Arabes.
- Eh bien, nous n'avons qu'à la leur prendre.
- Comment ? (Silence)
- Un révolutionnaire ne pose pas de questions naïves.

---

tudes Palestiniennes, Paris, num. 29, automne 1988, p. 103-131, p. 108.
41 - «At-Taçawwar as-sahyuni fi at-tarhil : nadhrat ta'rikhiyya 'amma» (L'idée du "transfert" chez les sionistes), Nur-ad-Din Muçalha, Majalat ad-Dirasat al-Filastinyya, (Revue d'Etudes Palestiniennes, en arabe), Nicosie, num. 7, 1991, p. 19-45, p. 23.
Voir aussi du même auteur : Tard al-Filastiniyyin : mafhum at-tansfer fil fikr wa at-takhtit as-sahyuniyyin, 1882-1948 (Concept du transfert des Palestiniens chez les sionistes), Mu'assassat ad-Dirasat al-Filastiniyya, Beyrouth, 1992, 293 pages.
En anglais : Nur-ad-Din Maçalha, Expulsion of the Palestinians, The Concept of «Transfer» in Zionist Political Thought 1882-1948, Washington DC, 1992, publié par The Institute for Palestine Studies.

- Eh bien, le révolutionnaire, dis-nous comment !
- C'est très simple. Nous les harcèlerons, jusqu'à ce qu'ils sortent. Qu'ils s'en aillent en Transjordanie.
- Et allons-nous abandonner toute la Transjordanie ? demande une voix anxieuse.
- Dès que nous aurons une grosse colonie ici nous saisirons la terre, nous deviendrons forts, et alors, nous nous occuperons de la rive orientale du Jourdain.
Nous les expulserons de là-bas aussi.
Ils n'ont qu'à retourner dans les pays arabes »[42].

Ce type de déclaration sur le transfert sera de plus en plus fréquent jusqu'à sa mise en pratique à partir de 1948.

Fin du Chapitre_3

---

[42] - « Le transfert des Palestiniens, une obsession centenaire », Ilan Halévi, Revue d'Etudes Palestiniennes, Paris, nouvelle série, num. 14, 1998, p. 15-41, p. 16, selon Moshé Smilansky, Rehovoth, 1891, (Conversation entre les pionniers des « Amants de Sion »).

La « Palestine Exploration Fund Society », organisme anglais créé en 1865, joue un rôle important dans la mise en route de la colonisation de la Palestine

Chapitre_4

**Les premières colonies juives en Palestine.
Le contexte politique au début des années 1880.
L'occupation de l'Egypte par la Grande-Bretagne**

1 - Associations juives et missions européennes favorables à la colonisation juive de la Palestine.
2 - Le contexte politique début des années 1880. L'occupation de l'Egypte par la Grande Bretagne.

&&&

1 - Les juifs commencent dans la deuxième moitié du 19-ème siècle à occuper méthodiquement la Palestine, en cherchant des appuis politiques et financiers en Angleterre, Allemagne, France, USA, etc., en recrutant, en Europe orientale et centrale, des candidats juifs à l'émigration et en créant des colonies, exclusivement juives.

Les immigrés juifs achètent des terres, le plus souvent par l'intermédiaire de juifs résidents, qui leur servent de prête-noms pour ces achats.

L'« Association du développement de la colonisation juive en Palestine » est créée en 1852. Le colonel Jawlar George, ancien gouverneur britannique d'Australie est à l'origine de sa création.
Son but est d'acheter des terres et d'initier les immigrés juifs à l'agriculture[43].

La collaboration des Anglais avec les juifs est telle que Montefiore, président du corps représentatif du judaïsme britannique, visite en 1849 la Palestine. Il est ac-

---

[43] - Amine Mahmud 'Ataya, « Al-istaytan as-sahyuni fi Filastin : 1882-1991 » (La colonisation sioniste en Palestine), Al-Wahda, Rabat (Maroc), num. 99, décembre 1992, p. 43-60, p. 45.

compagné du colonel Georges Gould, qui est favorable à la colonisation de la Palestine.
De plus, la Grande Bretagne autorise à partir de 1854 la création d'écoles juives, pour la formation de rabbins, qui seront intégrés dans des institutions britanniques.
Ainsi, cette collaboration donne-t-elle ses fruits.

Montefiore arrive à faire construire un quartier d'habitations, hors des murs de Jérusalem, et il finance en 1855, l'achat de la première colonie en Palestine près de Yâfâ (Jaffa), colonie qui est destinée exclusivement aux immigrants juifs[44].

Le juif allemand Hoffmann de Wertenbeg fonde l'« Association des amis de Jérusalem » (Tâmbel) en 1860 ; il obtient du sultan Abdul-Aziz (1861-1876) l'autorisation d'installer, en 1868, une colonie juive allemande en Palestine[45].

Par ailleurs, l'«Alliance israélite universelle», créée en France (1860) par Charles Netter, et qui a pour but le développement du juif sur le plan culturel là où vivent des collectivités juives, obtient du Sultan Abdul-Aziz l'installation d'une colonie en 1868 sur une superficie de 2.600 dounoums près de Yâfâ (Jaffa).

Cette opération s'est effectuée, par l'intermédiaire du président de l'«Alliance», le député français Adolphe Crémieux[46].

En 1870, une école d'agriculture est construite dans la colonie, avec l'aide du baron Edmond de Rothschild

---

[44] - The attitude of the ottoman empire toward the zionist movement 1897-1909, Hassan Ali HALLAK, Beyrouth, 1980 (en arabe), 425 p., p. 61.
[45] - Attitude ottomane, o.c., p. 84-85.
[46] - Dounoum = étendue labourée en une journée soit : entre 940 et 1340 mètres carrés selon les endroits de l'Empire ottoman.

(branche française) sur un terrain cédé par l'Etat ottoman. L'école qui porte le nom de « Charles Netter » (le financier du projet) forme 60 juifs par an[47]. La pratique de l'agriculture représente chez les sionistes, à l'époque, un élément important de leur doctrine.
Adolphe Crémieux dira que « l'amour de l'agriculture va se propager »[48].

De son côté, la «Palestine Exploration Fund Society», organisme anglais créé en 1865, joue un rôle important dans la mise en route de la colonisation.
Entre 1866 et 1868, les capitaines britanniques Waren et Kunder explorent les principales régions de la Palestine, ainsi que les terres qui font partie du «Grand Israël», selon la définition juive.
L'expédition préconise une valorisation de la terre palestinienne, le but final étant son occupation par les juifs[49].

Pour contrebalancer la « Palestine Exploration Fund » (protestante), l'«Ecole biblique de Jérusalem» dirigée par des catholiques entreprend, elle aussi des études archéologiques et anthropologiques en Palestine[50].
Toutes les études et les recherches européennes en

---

47 - Attitude ottomane, o.c. p. 85-86. Les Rothschild : famille de banquiers juifs ayant joué un rôle important dans le mouvement sioniste. Amschel Mayer, connu sous le nom de Rothschild Premier (1743-1812) est considéré comme le fondateur de la famille. Il vécut à Francfort en Allemagne.
48 - Yohanan Manor, Naissance du sionisme politique, Paris, 1981, 287 pages, p. 46.
49 - Attitude ottomane, o.c. p. 63-64 (selon As'ad Razzouq : Le « Grand Israel » : études des idées expansionnistes sionistes, Beyrouth, 1968 (en arabe). Voir aussi : « Jérusalem : l'archéologie dévoyée », Mahmoud Hawwari, Revue d'Etudes palestiniennes, Paris, num. 51, printemps 1994, p. 105-116.
Voir également : Athar Filastin (Les vestiges archéologiques de Palestine), Huseyn Umar Hammada, Damas, 1983, 325 pages, p. 29.
50 - Les oeuvres catholiques sont financées par la France anticléricale! de la IIIème République dans le cadre du protectorat français des catholiques de l'Empire ottoman.

Palestine sont orientées sur les périodes bibliques.

Des associations, dont le but est de favoriser l'émigration de juifs en Palestine, voient le jour en Europe de l'Ouest.

C'est le cas de l'« Anglo-Jewich Association » (1870), et de l'« Alliance israélite allemande » (1873), créées sur le modèle de l'« Alliance universelle israélite ».

Le rabbin Yahouda Shiloum Hay al-Qal'i fonde à Jérusalem, en 1871 une association juive, de tendance religieuse.
Inspiré de la séparation de la Grèce de l'Empire ottoman (1835), le rabbin publie des textes de propagande (en hébreu), en faveur de la création d'un « Etat juif »[51].

De plus, de nombreuses publications juives, lancées en Angleterre à partir de 1871, militent toutes pour la colonisation de la Palestine[52].

Des articles d'Isaac Asher suggèrent la création en Palestine d'une « Compagnie à Charte », du genre de la «Compagnie des Indes Orientales» ou de la « Hudson Bay Company ». Le but de cette compagnie, défendue militairement par l'Angleterre, serait l'achat de terres en Palestine et leur exploitation[53].

2- Le contexte politique en 1880. L'occupation de l'Egypte par la Grande Bretagne.

Dans les années 80 du dix-neuvième siècle, des parlementaires juifs britanniques (les Rotchschild, Issac

---

[51] - Attitude ottomane, o.c. p. 89-90.
[52] - Il s'agit en particulier de «Jewish Chronicle», « Hebrew Observer » et «Voice of Jacob».
[53] - Attitude ottomane, o.c. p.66. Selon Moshé Catane, Les Juifs dans le monde.

Melchett, etc.) interviennent de plus en plus dans l'orientation de la politique britannique au Moyen Orient. Le Chef du gouvernement britannique Disraeli, qui est juif, dévoile sa politique coloniale à propos de la Palestine[54]. Cette politique sera suivie par les gouvernements britanniques successifs.
En 1875 l'opération de construction du Canal de Suez, conduite par Disraeli, est économique et politique.
L'opération est financée par le baron Lionel de Rothschild (branche anglaise)[55].

Ainsi, c'est la conjonction, au niveau le plus élevé, des intérêts des juifs avec l'impérialisme britannique.

Et pour parfaire cette conjonction, il reste à mettre la main sur la Palestine, pour protéger la région du Canal et la Route des Indes. D'autant plus que des projets économiques allemands prennent forme dans les régions arabes de l'Empire ottoman, ce qui ne plait pas aux Britanniques.

L'occupation de l'Egypte en 1882 par la Grande Bretagne est perçue favorablement par les juifs.
Cette occupation «a unifié les intérêts de l'Empire (anglais) en Orient et ceux des juifs en Palestine», dit le

---

54 - Voici ce que pense de Disraeli le dirigeant sioniste Haïm Weizman : « Quand je n'étais encore qu'un enfant de 12 ans, j'écrivis à mon 'rebbe' (rabbin) qu'un jour viendrait où l'Angleterre nous donnerait la Palestine, l'Angleterre de Disraeli et de Montefiore », Voir La Déclaration Balfour, 1917 : Création d'un foyer national juif en Palestine, présentée par Renée Neher-Bernheim, Paris, 1969, 473 p., p. 49. Voir également : Weizmann : Discours et Ecrits, traduction française, Jérusalem, 1946.
55 - Disraeli écrit à la reine Victoria de Grande Bretagne, une fois réunis les capitaux nécessaires à la construction du Canal : « Cela vient d'être fait, vous l'avez, Madame...Quatre millions de Livres ! Et presque immédiatement. Il n'y avait qu'une maison qui put le faire, Rothschild. Ils se sont conduits admirablement et avancé les fonds à un taux très bas et toute la part du Khédive est entre vos mains, Madame », André Maurois, Disraeli, Paris (Gallimard), 1978 (1° édition 1927), p. 270-271.

juif britannique Edward Cozlette[56].

En effet les juifs se rendent compte, de plus en plus, que leur installation en Palestine se fera, plutôt avec l'aide des Britanniques que celle des Ottomans. Herzl n'a-t-il pas dit plus tard, après ses démarches infructueuses auprès des Ottomans, que, tant que règnera Abdul-Hamid II les juifs ne s'installeront jamais en Palestine[57].

Lord Kitchener[58], envoyé en Egypte en 1883, conseille à son gouvernement de « faire de la Palestine un bastion de la position anglaise en Egypte et un lien avec l'Orient »[59].

Joseph Chamberlain (1839-1914), le ministre anglais des colonies à la fin du 19ème siècle, ne s'intéresse pas aux prophéties bibliques, mais il considère que la vocation de l'Empire britannique est de devenir «la force dominante de l'histoire mondiale et de la civilisation universelle».
Le biographe du ministre Chamberlain considère les juifs comme des colons décidés à s'implanter en Palestine[60].

---

56 - Attitude ottomane, o.c. p. 67. Le dirigeant sioniste Zangwill, dit : « C'est maintenant (occupation de l'Egypte), et non à un autre moment, que se présente l'occasion pour Israel, nous n'attendons pas, ni les juifs ni la Palestine, après que le canal eut transporté le monde jusqu'aux portes de la Palestine », Ibid, p. 68 et 347 (selon : I. Zangwill, The Return to Palestine).
57 - «Mudakkirât as-Sultân Abdul Hamid», (Mémoire du Sultan Abdul-Hamid II), traduction du turc à l'arabe, présentation, commentaires de Muhammad Harb Abdelhamid, Le Caire, 1978, Introduction p. 11.
58 - Horacio Herbert (1850-1916) envoyé en Egypte en 1883, ministre britannique de la Guerre en 1914.
59 - Palestine, terre des messages divins, Roger Garaudy, Paris, Albatros, 397 pgs, p. 179-180 (selon : Leonard Stein, The Balfour Declaration, Londres).
60 - Palestine, o.c. p. 180 (selon : Julien Amery, The life of Joseph Chamberlain, Londres, 1951, Vol. IV).

Au lendemain de l'occupation de l'Egypte, les Ottomans réalisent les vraies intentions des Britanniques envers la Palestine. Et le sultan Abdul-Hamid II réagit lorsque les Britanniques commencent à étendre leur zone d'influence du côté du golfe d'Aqaba ce qui constitue un vrai danger pour l'avenir de la Palestine[61].

Fin du Chapitre_4

---

[61] - L'occupation de l'Egypte par les Britanniques est ressentie très fortement par les Ottomans, car elle n'est pas l'œuvre des Britanniques seuls, mais celle d'une coalition d'Américains, de Français, de Grecs, de Russes et d'Italiens.

En 1868, seul 15% (sur les 13.000 juifs résidant en Palestine) gagnent leur vie.
Le reste vit de l'aide juive venant de l'extérieur.

Chapitre_5

La première vague d'émigration juive en direction de la Palestine (depuis 1882) se fait dans un contexte favorable aux juifs

&&&

Jusqu'en 1875, l'émigration juive vers la Palestine est constituée particulièrement d'hommes de religion, de petits artisans, et de personnes vivant de l'aide juive venant de l'extérieur.
En 1868, seuls 15% (sur les 13.000 juifs résidant en Palestine) gagnent leur vie[62].

En 1875, commence une émigration assez significative vers la Palestine (des centaines de personnes par an). Et en 1878, des juifs achètent, à Jérusalem, une terre de 3.400 dounoums (un dounoum = 1.000 M^2 environ).
(Voir : Annexe_7 (p.199) : Questions d'émigration et de population)
En 1880, des Polonais russes émigrent à Safad, pensant que le messie allait descendre en Palestine[63].

L'immigration juive en Palestine est porteuse de germes de violence. Elle ne passe pas inaperçue, ni pour les Autorités ottomanes ni pour les Palestiniens.

Les réactions se font sentir très tôt. Déjà, en 1855, une loi ottomane interdit, aux étrangers, l'achat de terres et l'installation de colonies juives en Palestine.

---

[62] - « Le mouvement ouvrier juif en Palestine avant 1914 », Nathan Weinstock, Revue d'Etudes palestiniennes, Paris, num. 12, été 1984, p. 51-63, p. 51.
[63] - The attitude of the ottoman empire toward the zionist movement 1897-1909, Hassan Ali HALLAK, Beyrouth, 1980 (en arabe), 425 p., p. 91.

La première prise de conscience du danger de l'immigration juive se passe à Al-Quds (Jérusalem).
En 1868, un article d'une revue de Beyrouth mentionne l'arrivée dans cette ville d'un membre de l'« Alliance israélite » de Paris.
L'article qui attire l'attention des Autorités ottomanes sur le danger de la situation, signale que l'«Alliance» a l'intention d'acheter des terres dans le but d'installer des juifs (non ottomans) et de leur apprendre des métiers de l'agriculture[64].

En 1880, le mouvement palestinien commence à s'organiser pour faire face aux projets de colonisation juive.
Dans toutes les protestations adressées aux Autorités ottomanes, la même doléance : l'arrêt des ventes de terres aux juifs.
Le mouvement milite pour l'interdiction de ces ventes et pour la création de fondations pour protéger les terres palestiniennes[65].

Outre un contexte politique favorable (les Anglais occupent l'Egypte), un événement important vient hâter le processus d'émigration des juifs vers la Palestine.
On soupçonne les juifs russes d'avoir participé à l'assassinat, en 1881, du tsar Alexandre II. Le gouvernement russe laisse entendre que les problèmes économiques de la Russie sont attribués, au comportement illégal des commerçants et des financiers juifs.

---

64 - Il s'agit de « Majallat al-Jawa'ib al-Lubnaniyya », année 1868, numéro 8/356.
Voir aussi : « Dawr assahafa al-'arabiyya fi muqawamat assahyouniyya (1897-1914) (Le rôle de la presse arabe dans la lutte contre le sionisme), Docteur Ismaïl Ahmad Yaghi, Revue d'Histoire Maghrébine, Tunis, num. 57-58, juillet 1990, pp. 523-561, p. 537-538, (selon Khayriyya Qasmiyya, An-Nachat as-sahyuni fi ach-charq al-'arabi wa sada' 1908-1918, Beyrouth, 1973, 32 p.)
65 - « Dawr assahafa al 'arabiyya », o.c. p. 538, selon: Al-Ard al filastiniyya bayn achchar'iyya wa al ightisab, Manchurat ittihad al huquqiyyin al filastiniyyin, Koweit, 1975.

Une vague de répression déferle alors sur les juifs, ce qui les pousse à quitter la Russie en grand nombre.
Paradoxe ! Les Britanniques refusent d'accueillir ces juifs et les encouragent à émigrer en Palestine[66]. Mais le plus grand nombre d'entre eux se dirige vers les E-tats-unis d'Amérique.

Des juifs participaient déjà au réveil de la «conscience nationale juive», et, l'assassinat du Tsar n'a fait que précipiter les choses.
Leo Pinsker (1821-1891), médecin juif, qui était pour l'intégration des juifs à la population russe, change sa position.
En 1881, Leo Pinsker, témoin des pogroms à Odessa, lance (1882) un appel à l'«Auto-émancipation»préconisant l'installation de ses coreligionnaires en Palestine[67].

En 1883, des associations créées à Odessa favorisent l'émigration juive, exemple l'association 'Zeubbabel'. Et en 1884, le mouvement «Amitié-Sion» est créé en Russie : les «Amants de Sion» se multiplient en Russie et dans les autres pays d'Europe orientale et centrale, leur but étant la colonisation de la Palestine.

En 1884, se tient à Katowice (Silésie) la première conférence du « Choueve Zion » (les Adorateurs de Sion). Pour le dirigeant sioniste Weizmann, cette conférence est le début de l'organisation de la conscience sioniste[68].

---

[66] -Les capitalistes juifs britanniques favorisent et financent l'émigration des juifs de l'Europe orientale et centrale, vers la Palestine de peur de subir en Angleterre, la concurrence dans le domaine économique des plus riches d'entre eux, et de prendre, à leur charge les plus pauvres, Attitude ottomane, o.c. p. 216-217.
[67] - Yohanan Manor, Naissance du sionisme politique, Paris, 1981, 287 pages, p. 40-43.
[68] - Weizmann Chaïm, Naissance d'Israel, (Trial and Error), Paris, Gallimard, traduit de l'anglais, 1957 (sixième édition), 551 pages, p. 38.

A la fin du dix-neuvième siècle, 20.000 pèlerins juifs russes environ arrivaient chaque année en Palestine. Les Autorités les prévenaient qu'ils seraient expulsés s'ils ne respectaient pas la loi sur l'immigration, mais certains s'y installaient[69].

Les colonies installées avant 1880 en Palestine ont un caractère religieux contrairement à celles qui le seront plus tard[70].

Lawrence Oliphant, écrivain et diplomate britannique (1829-1888), est en faveur de l'occupation de la Palestine par les juifs, mais il pense, que le moteur de cette occupation doit être politique et non religieux[71]. Dans son projet, Oliphant prévoit de chasser les bédouins palestiniens, et de cantonner les fellahs palestiniens dans des réserves, comme cela a été fait avec les Indiens d'Amérique.
Le biographe d'Oliphant, Henderson, dit à propos du projet : «Ce qu'Oliphant propose n'est rien moins que

---

69 - Attitude ottomane, o.c, p. 168.
70 -Le 14 nov. 1878, Lawrence Oliphant écrit au Marquis de Salisbury : « Plusieurs tentatives ont été faites dans ce sens, fonder une colonie juive en Palestine, mais elles ont échoué du fait qu'elles étaient basées sur un fond sentimental et religieux plus que sur des raisons d'ordre politique et économique.
Actuellement, l'occasion semble propice du fait que la vive sympathie d'une large majorité du public britannique pourrait avantageusement garantir d'importantes visées politiques et des résultats financiers substantiels », voir : Palestine, terre des messages divins, Roger Garaudy, Paris, Albatros, 397 p., p.179 (citant Henderson : The Life of Laurence Oliphant, éd. Robert Hale, Londres, 1956).
71 - Lawrence Oliphant dit à propos de la Palestine : « Il appartient à la Grande Bretagne de décider si elle entreprendra la tâche d'explorer les villes ruinées, de développer les vastes ressources agricoles de ce pays, en y rapatriant la race qui la posséda la première, il y a 3.000 ans, et de s'assurer les grands avantages politiques découlant de cette politique », in The Land of Gilead with Excursios in the Lebanon (édité en 1880). En arabe (Ard Jal'ad ma'a nuzuhat fî jabal Lubnan) (Gilead se trouve à l'est du Jourdain). Voir : La Palestine, o.c. p.179 (citant Barbara Tuchman : The Bible & the Sword, Londres, 1956).

la pénétration de la Grande Bretagne en Palestine, les juifs ne servant que de pions dans le jeu»[72].

Lawrence Oliphant se rend à Istanbul pour discuter avec les Autorités leur refus d'une demande, faite en 1882, au consul ottoman à Odessa sur l'émigration de juifs en Palestine. Il est expulsé d'Istanbul pour avoir fait de la propagande contre le Sultan.

Le sultan Abdul-Hamid II, comme l'avait dit le Pacha d'Egypte, Mohammad-Ali, 40 ans auparavant, dit non aux colonies juives.

Le rejet des projets d'Oliphant est justifié par la crainte des Autorités de voir la Palestine devenir un second Liban, et de voir les Européens y jouer le même rôle anti-ottoman[73].

Les Autorités ottomanes répondent à Oliphant qu'elles sont prêtes à accueillir dans l'Empire, des juifs opprimés, mais refusent d'aider à l'installation d'un Etat en Palestine basé sur la religion juive[74].

L'«Association juive pour la colonisation de la Palestine» est créée en 1882 par le baron Edmond de Rothschild (branche française).

Son but est l'achat de terres en Palestine, et leur distribution aux colons juifs à des conditions très favorables.

Le nombre de colonies juives en Palestine se multiplie depuis 1882. Le rôle des « Amants de Sion » dans l'émigration et la création de ces colonies est très important[75].

---

[72] - La Palestine, o.c. p. 179 (citant Henderson : The Life of Laurence Oliphant, éd. Robert Hale, Londres, 1956).
[73] - C'est ainsi qu'en 1859, le consul britannique à Jérusalem soutient que l'Administration, à Beyrouth et en Palestine a pour but de casser l'influence européenne, voir : La Palestine, o.c. p.169.
[74] - La Palestine, o.c. p. 64.
[75] -Les colonies créées en 1882 : « Ritchione-Le-Zion » (Les premiers à Sion), « Zichron-Jacob », « Ruchbina », et en 1883 « Yassud Ham'aliya », « Ness-Ziona » (Nouveau Sion), « Jederia » (La

Sous l'impulsion de la première vague d'immigrants, à partir de 1882, les colons s'organisent dans de nombreuses associations à caractère plus professionnel et politique que religieux, comme c'était le cas auparavant.
L'association « Chivath Hakhorek Vehamisgar » (Retour de l'artisan et du serrurier) est créée à Jérusalem en 1882 avec pour but de promouvoir chez les juifs la formation professionnelle[76].

Les sionistes créent une association de travailleurs ruraux à Richon-le-Tsiyon, et, en 1884 ils se proposent de jeter les bases d'une « colonisation collectiviste », en créant l'«Agoudath Hapoalim» (l'Association des travailleurs).
A cette association succède en 1889, une organisation clandestine de travailleurs juifs, «Deuxième Agoudath Hapoalim», constituée sur le mode militaire.
(Voir : Annexe_2 (p.190):Une colonie un siècle après son implantation)

L'association sioniste «Ha'aretz ve Haavodah» (la Patrie et le Travail), fondée en 1891, préconise la construction sioniste, à travers l'œuvre collective des travailleurs.
Ainsi l'apparition du mouvement ouvrier juif en Palestine, est directement liée à la colonisation sioniste.

Vers 1890, on compte 532 familles de travailleurs agricoles dans les colonies sionistes[77].
Fin du Chapitre_5

---

goutte), « 'Afroun », etc., voir: Amine Mahmud 'Ataya, « Al-istaytan as-sahyuni fi Filastin : 1882-1991 » (La colonisation sioniste en Palestine), Al-Wahda, Rabat (Maroc), num. 99, décembre 1992, p. 43-60, p. 45.
76 - à Jérusalem en 1897, on compte 1.842 artisans juifs, selon Nathan Weinstock, «Le mouvement ouvrier juif en Palestine avant 1914», Revue d'Etudes Palestiniennes, Paris, num. 12, été 1984, p. 51-63, p. 52.
77 - Ibid, p. 54.

L'intervention américaine en Palestine survient un peu plus tard que celle des Britanniques

Chapitre_6

Les Autorités ottomanes agissent contre l'immigration juive en Palestine.
Les Américains s'intéressent déjà à ce pays.

1 - Actions contre l'immigration juive
2 – Les Américains et la Palestine

§§§

1 - Les Autorités ottomanes agissent contre l'immigration juive.

Le 29 juin 1882, Istanbul envoie au gouverneur d'Al-Quds (Jérusalem), Ra'uf Bacha, des instructions interdisant l'entrée d'Al-Quds aux juifs porteurs de passeport russe, roumain ou bulgare.

Les Autorités informent également le corps diplomatique de leur volonté d'interdire l'installation de juifs étrangers en Palestine.
En effet, les lois de 1882 n'autorisent l'entrée de juifs dans ce pays que pour motif de pèlerinage et pour une période de 3 mois.

Mais grâce à l'aide des représentations anglaises et américaines, les juifs entrent en Palestine sans papiers et y restent[78].
Avec 10.000 immigrés, entre 1840 et 1882, les juifs seront 25.000 à la fin 1882. Ils possèdent en Palestine une superficie de 22.000 dounoums.

Un consul américain en Palestine signale à son ministre des Affaires étrangères que l'importance de l'im-

---

[78] - The attitude of the ottoman empire toward the zionist movement 1897-1909, Hassan Ali HALLAK, Beyrouth, 1980 (en arabe), 425 p., p. 97-98.

migration en provenance de Russie risque de changer la situation dans le pays[79].

En février 1887, de nouvelles instructions sont transmises, par les Autorités ottomanes, aux gouverneurs d'Al-Quds (Jérusalem) et de Yâfâ (Jaffa) pour interdire l'entrée des juifs en Palestine, sauf aux pèlerins et aux touristes. Et tout juif arrivant à Yâfâ doit payer 50 lires turques, avec la promesse de quitter le pays, dans les 31 jours.
Les Autorités justifient la promulgation de ces décrets pour des raisons sécuritaires et sanitaires.

En août 1887, les Ottomans reprochent aux consuls européens de favoriser l'immigration juive clandestine.
En effet, les consulats britanniques ne cessent d'intervenir en faveur des juifs : des Britanniques se substituent aux juifs pour contourner les lois ottomanes surtout celles qui interdisent aux juifs de s'approprier des terres en tant qu'organisations[80].

L'offensive ottomane contre l'immigration, qui déferle sur la Palestine survient en même temps que le rattachement de Jérusalem au gouvernement central en 1887[81].

---

[79] - Amine Mahmud 'Ataya, « Al-istaytan as-sahyuni fi Filastin : 1882-1991 » (La colonisation sioniste en Palestine), Al-Wahda, Rabat (Maroc), num. 99, décembre 1992, p. 43-60, p. 45.
[80] - L'ambassadeur britannique à Istanbul envoie au consul Dickson à Al-Quds (Jérusalem) des instructions à propos de l'enregistrement de biens que l'«Anglo Jewish Association» désire acheter dans cette ville.
L'ambassadeur dit qu'il faut contourner les lois ottomanes, et pour cela, «je dois vous dire que j'ai proposé au ministre britannique des Affaires étrangères de conseiller à l'«Anglo-Jewish Association» d'avancer des noms de membres non-juifs, afin que les Autorités ottomanes ne trouvent pas de prétexte pour leur interdire l'achat de terre», Attitude ottomane, o.c. p.152 (citant B.E. in Constantinople to Dickson 25 August 1898, in F.O. 195/2026).
[81] - Le Sandjaq est une division administrative.

En 1888, les Autorités promulguent une nouvelle loi selon laquelle les juifs étrangers (hors de l'Empire ottoman) doivent détenir un passeport, délivré par les consuls ottomans de leur pays d'origine afin de bénéficier du permis de séjour de 3 mois en Palestine.
La loi de 1888 est une réponse au comportement hostile des consuls européens envers la politique ottomane sur l'immigration[82].
L'attitude de ces consuls ne changera pas pendant la période d'immigration juive en Palestine.

La politique ottomane sur l'immigration a pour conséquence le renforcement de l'organisation sioniste, qui tient un congrès en 1889, présidé par Ahad Aham[83].
L'association, «Beni Moussa» (Fils de Moïse), se joint au mouvement des «Amants de Sion» pour favoriser la fondation d'une organisation et œuvrer à l'immigration de jeunes juifs en Palestine[84].
Le mouvement donne alors son accord au baron Maurice de Hirsh, juif autrichien, pour financer la colonisation de la Palestine, via son «Association pour la colonisation juive», fondée en 1891.
En 1900, Maurice de Hirsh prend la relève du baron de Rothschild[85].

Les protestations des Palestiniens contre la colonisation juive ne s'arrêtent pas. Il ne se passe pas de mois sans qu'une manifestation, ou un acte, ne revendique

---

Le Sandjaq d'Al-Quds (Jérusalem) devient indépendant de la wilaya de Damas par un firman (décret) d'Abdul-Hamid II daté de 1887, à cause de son importance, comme centre religieux, et pour contrer l'immigration juive dans cette ville.
Le Sandjaq dépend alors directement du Sultan, et son gouverneur a un rang de « wali ».
Mais la première référence à l'autonomie d'Al-Quds (Jérusalem) remonte à 1874, sous le règne du sultan Abdul-Aziz (1861-1876).
82 - Attitude ottomane, o.c. p. 101-102.
83 - Le sioniste Ahad Aham visite la Palestine en 1891.
84 - Attitude ottomane, o.c. p. 102-103.
85 - L'association est fondée avec un capital de dix millions de livres sterling, Ibid, p. 102-103.

l'interdiction de la vente de terres aux juifs, et l'arrêt de la colonisation sioniste de la Palestine.

En 1891, des notables de Jérusalem envoient un mémorandum aux Autorités, dans lequel ils demandent d'interdire fermement l'immigration juive en Palestine et la vente de terres aux juifs.

Ce mémorandum est considéré comme la première action organisée contre la colonisation juive[86].

Entre 1890 et 1891, des délégations d'Al-Quds (Jérusalem) protestent auprès du « Sadr al A'dham », (Premier ministre) contre le comportement d'un vice-gouverneur lié aux juifs par la corruption[87].
Pendant la même période, trois «firmans»(décrets) du sultan Abdul-Hamid II sur l'immigration des juifs en Palestine sont signés. Un de ces décrets, concerne le refus de l'immigration de juifs que les Européens expulsent de chez eux[88].

En 1892 et 1893 les Ottomans refusent des demandes de sionistes concernant l'arrivée de juifs en Palestine. Les Britanniques et les Américains protestent[89].

---

86 - Docteur Khayriyya Qasmiyya, « Al-Muqâwama al-'arabiyya li-sahyunuiyya awakhir al-'ahd al-'uthmani 1908-1917 -- al-ittijahat ar-raïsiyya », (La résistance arabe au sionisme), in Revue d'Histoire Maghrébine, Tunis, num. 29-30, 1983, p. 373-394, p. 376.
87 - Attitude ottomane, o.c. p. 240-241.
88 - Décrets de 1890-1891 : le premier décret vise à refuser l'immigration de juifs que les Européens expulsent de chez eux. Pourquoi ne sont-ils pas orientés vers l'Amérique ? Le deuxième décret est destiné au Comité militaire du Sultan.
Il y est dit que l'immigration des juifs risque d'aboutir à la création d'un «Etat juif». Enfin le troisième décret destiné également au Comité militaire du Sultan, signale les pressions que font les Etats européens sur les Ottomans pour qu'ils accueillent des juifs expulsés d'Europe. Et on se demande pourquoi ces mêmes Etats ne font-ils pas pression sur les Etats qui expulsent les juifs et les Etats qui refusent de les accueillir, Attitude ottomane, o.c.p. 356-358.
89 - Ibid, p. 105-106.

En 1897, les Palestiniens initient, sous la direction de Mohammad Tahar Al-Huseyni, le mufti de Jérusalem, une nouvelle forme de résistance à la colonisation juive. Il s'agit de réaliser des enquêtes sur les transferts de propriété pour examiner les méthodes d'acquisition des terres.
Ces enquêtes ont permis le blocage de nombreux achats de terres effectués par les juifs[90].

2 – Les Américains et la Palestine

L'intervention des Américains en Palestine survient un peu plus tard que celle des Britanniques.
C'est à partir des années 1880, que cette intervention commence à se faire sentir, avant de devenir importante après la guerre 1914-1918, grâce à l'activité des sionistes américains[91].

Astraus, ministre délégué juif américain près d'Istanbul depuis 1881, se rend en personne à Jaffa pour demander la libération de 400 immigrés juifs clandestins arrêtés[92].

Quant à l'attitude américaine officielle, à propos de la colonisation juive, elle diffère de l'attitude privée.

Dans un rapport à son gouvernement (1891), Silamirl, consul américain à Jérusalem, recommande de ne pas s'embarquer dans une aide à l'immigration juive, car les musulmans refuseront la création d'un « Etat juif » en Palestine, et que le résultat d'une forte immigration juive sera désastreuse aussi bien pour les juifs que pour les habitants d'origine.
Par contre, le journal «New-york Dayli Tribune» a une

---

90 - Voir la Chronologie (année 1897).
91 - Création de l'«American Jewish Joint Distribution Committee » en 1914.
92 - Attitude ottomane, o. c. p. 98-99. Astraus est remplacé par Salmon Hirsh, lui-même juif américain.

autre opinion sur le sujet.

Dans son numéro (31 mai 1891), le journal publie un article sur la colonisation agricole juive en Palestine et ses «très bons résultats».

Le journal recommande au gouvernement américain de se mettre au service de la création d'un «Etat juif» en Palestine, en y installant des juifs russes.

Les organisations sionistes américaines jouent un rôle important dans l'orientation de la politique américaine.

Parmi ces organisations on note la Hebrew Immigrant Aid Society (HIAS), créée en 1887, dont le but est l'encouragement de l'émigration en Palestine des juifs de l'Europe de l'est[93].

Fin du Chapitre_6

---

[93] - Ibid, p. 103-104.

Les colonies juives ressemblent aux colonies établies ailleurs par les Européens.
Dans les colonies juives, les travailleurs palestiniens y sont exploités, et les juifs immigrés occupent les postes de responsabilité et les postes administratifs.

Chapitre_7 : La colonisation juive à la veille du premier Congrès sioniste de 1897.

-Annexe_3 (p.191) : Les colonies juives en Palestine. Situation en 1897.
-Annexe_4 (p.194) : Implantation des colonies juives en Palestine.

&&&

La situation des colonies juives installées par la 1ère vague d'immigration, à partir de 1882, n'est pas luisante, selon les critères mêmes des sionistes. Que se soit sur le plan économique ou social, le bilan est négatif. Et pourtant ces colonies ont coûté 90 millions de francs[94].

La plupart des immigrés résident dans les villes, hors des colonies, et vivent des aides venant de l'étranger. Difficultés. Maladies.
Il arrive que des colons demandent l'aide des Autorités ottomanes, amenant celles-ci à renvoyer un grand nombre d'entre eux d'où ils sont venus.

De nombreuses colonies sont en faillite. Par exemple, la colonie «Zakhroun Jacob» coûte à Rothchild jusqu'à l'année 1900, dix millions de francs et ne rapportent rien.
Entre 1882 et 1900, le baron Rothschild a investi 40 millions de francs or dans des colonies gérées par son administration[95].
Certaines colonies survivent grâce à l'aide du baron

---

[94] - The attitude of the ottoman empire toward the zionist movement 1897-1909, Hassan Ali HALLAK, Beyrouth, 1980 (en arabe), 425 p., p. 100.
[95] - Nathan Weinstock, « Le mouvement ouvrier juif en Palestine avant 1914 », Revue d'Etudes Palestiniennes, Paris, num. 12, été 1984, p. 51-63, p. 53.

qui finance la colonisation de la Palestine dès 1877, et son action ne se réduit pas au financement.
Le baron envoie dans les colonies juives des experts français en agriculture.

La gestion des colonies jusque-là assurée par de Rothschild, est transférée en 1900, à « l'Association pour la colonisation juive », dirigée par Maurice de Hirsh.

Les colonies juives ressemblent à celles établies par les Européens ailleurs.
Dans les colonies juives, les travailleurs palestiniens y sont exploités, et les immigrés juifs occupent les postes de responsabilité et les postes administratifs.

En 1891, Ahad Aham relate le mauvais régime que les colons juifs font subir aux Palestiniens.
Il parle de la prise de conscience des Palestiniens de ce qui leur arrive, alors que les colons pensent que les Palestiniens ignorent leurs plans[96].

Tout au début de la colonisation, les sionistes sous-estiment la résistance palestinienne, car ils pensaient que leur apport technologique, recrutera des soutiens parmi la population locale.
Les sionistes pensent également que la résistance des Palestiniens est due à des difficultés économiques. Elle est due aussi, à l'hostilité des chrétiens imprimée d'anti sémitisme[97].

Mais face à la réalité, les sionistes concentrent leurs efforts sur les discussions avec les Autorités pour obtebir la protection et la libéralisation de l'immigration juive. Quant au fellah palestinien, il comprend que la

---

[96] - Attitude ottomane, o.c. p. 241-242.
[97] - Docteur Khayriyya Qasmiyya, « Al Muqâwama al 'arabiyya li-sahyunuiyya awakhir al 'ahd al 'uthmani 1908-1917 -- al ittijahat ar-raïsiyya » (La résistance arabe au sionisme), in Revue d'Etudes Maghrébines, num. 29-30, 1983, p. 373-394, p. 387-388.

vente de terres aux juifs est le prélude à son expulsion.
Les premiers affrontements armés entre Palestiniens et colons juifs datent de 1886.
Des fellahs expulsés de « Batah Takfâ » (Malbasse) et d'« Al-Khadira » attaquent des colons[98].

Ainsi, à la fin du 19ème siècle, les choses se clarifient et les masques des immigrés juifs tombent.

Commence alors un affrontement entre la colonisation sioniste, et un peuple qui défend sa terre et sa liberté, dans un contexte, où les puissances coloniales s'approprient les marchés du monde.

Fin du Chapitre_7

---

[98] - « Dawr assahafa al-'arabiyya fi muqawamat as-sahyouniyya (1897-1914) (Le rôle de la presse arabe dans la lutte contre le sionisme), Docteur Ismaïl Ahmad Yaghi, Revue d'Histoire Maghrébine, Tunis, num. 57-58, juillet 1990, pp. 523-561, p. 538-539.

Le sionisme politique juif est une forme de colonialisme

Chapitre_8 : Naissance du sionisme

1 - Le mouvement moderniste juif
2 - Le retour des juifs en Palestine ; le sionisme politique.
3 - Le sionisme politique et la « spécialité » des communautés juives
4 - Le sionisme politique juif est une forme de colonialisme
5 - La propagande sioniste

&&&

1 - Le mouvement moderniste juif

Au 19ème siècle, le philosophe juif allemand Moshé Mendelson (1729-1786), contribue à la réforme du judaïsme.
Il lance, en 1750, le mouvement juif « Lumière » pour rompre les murs qui cloitrent le juif dans le ghetto et les croyances religieuses rétrogrades.
Mendelson ne s'oppose pas à la religion juive, mais il est persuadé que les idées nouvelles doivent pénétrer le ghetto.

De son côté, le poète du mouvement « Lumière », Yahouda Liv Gordon, déclare dans son poème « Réveille-toi, ô peuple »(1863) : « Sois juif chez toi et homme hors de chez toi »[99].

Mais, le rabbin prussien Tzvi Hirsh Kalischer (1795--1874) développe son hostilité à l'assimilation des juifs dans les collectivités nationales où ils vivent.

---

99 - L'écrivain David Frishman (1860--1922) décrit cette nouvelle situation dans : Oeuvres (en hébreu), Tel-Aviv, 1974. Voir : Bahrâwî Ibrahim in « Les fondements culturels de l'idéologie sioniste : la littérature de Frishman et l'âme juive » (en arabe), Revue : Shu-'ûn filastîniyya (Affaires Palestiniennes), Nicosie (Chypre), numéro 172-173, juillet-août 1987, p. 75-85.

Kalischer fonde, avec le rabbin Juda Solomon Hay Al Qal'i (1788--1878), un bosniaque émigré à Jérusalem après 1874, la première association sioniste d'Allemagne[100].

Moses Hess (1812--1875), philosophe juif allemand, adhère aux idées de Kalischer.
Dans « Rome et Jérusalem » (1862), il proclame l'impossibilité organique des juifs de s'assimiler aux communautés non juives et considère que la France approuverait le principe d'un établissement de colonies juives en Palestine.

Par ailleurs, l'«Alliance juive française» créée en 1860 dirige le mouvement moderniste juif avec les idées de la Révolution française.
Le rabbin Haïm Na'oum signale le différend qui existe à l'intérieur de la communauté juive à Istanbul, particulièrement, entre l'école traditionnelle menée par le Grand rabbin d'Istanbul, et l'école réformiste qu'il dirige lui-même[101].

Le mouvement « Lumière », qui se poursuit jusqu'en 1880, donne aussi naissance au « nationalisme juif », qui écarte la croyance religieuse selon laquelle le juif

---

100 - Le rabbin Tzvi Hirsh Kalicher dit, en 1836, que la solution du problème juif vient de l'effort de l'homme juif avec l'aide des gouvernements européens pour mettre fin à la diaspora. Il dit aux juifs de ne plus attendre le retour du Messie.
En 1861, il publie « A la recherche de Sion ». Il milite pour la colonisation de la Palestine, et pense à créer une organisation pour l'achat de terres dans ce pays.
101 - Un grand rabbin Sépharade en politique 1892-1923. Textes présentés par Esther Benbassa. Préface d'Annie Kriegel, Presses du CNRS, 1990. Note de lecture de ce livre dans Al-Yom Assabi' (hebdomadaire arabe édité en France), 14 et 28 mai 1990. Il s'agit de la vie du rabbin Haïm Na'oum et d'une grande partie de sa correspondance avec l'«Alliance juive française». Le rabbin Haïm Na'oum est l'auteur d'un rapport sur les Falacha d'Ethiopie avant 1908.

ne doit pas réintégrer la Palestine avant le « retour du Messie ».

A la suite du mouvement moderniste juif, les juifs se répartissent alors en plusieurs groupes :

- les juifs qui attendent le « retour du Messie » ;

- ceux qui s'intègrent dans les sociétés où ils se trouvent ;

- ceux qui émigrent en Amérique et en petit nombre en Palestine ;

- ceux qui sont pour une «colonisation non politique» en Palestine, p. ex. le baron français Edmond de Rothschild ;

- enfin, les nationalistes juifs qui sont contre tous les autres groupes[102].

2 - Le retour des juifs en Palestine. Le sionisme politique[103]

Voir Annexe_8 (p.202) : A propos du sionisme chrétien.

Selon le rabbin Hirsh Kalisher le Salut de Sion doit venir du mouvement du peuple juif, quant au « miracle promis » il viendra après[104].

---

102 - As'ad 'Abd-ar-Rahman, L'Organisation sioniste mondiale : les débuts, les institutions, les activités et les conflits (1882-1982), (en arabe), Beyrouth, Al-Mu'assasat al-'arabiyya li-dirasat wan-nashr, 1985, 272 p., p. 26.
103 - Un autre terme plus adéquat pour qualifier le sionisme est le sionisme occidental, car l'idée est née chez les chrétiens en Europe et aux USA. Des appels à l'émigration de juifs européens en Palestine sont lancés par des hommes politiques européens de haut rang en exercice aux 17, 18 et 19-èmes siècles.
104 - As-Sunduq al-Qawmi al-Yahudi.
Traduction en arabe de : The Jewish National Fund, Walter Lehn, in association with Uri Davis, Beyrouth, Institute of Palestine Studies (Mu'assasat Addirasat al-Filastiniyya), 1990, 393 p., p. 20.

Et le rabbin Juda Solomon Hay Al Qal'i appelle les juifs à émigrer en Palestine en déclarant que le « Salut divin, doit être précédé, par le retour physique des juifs à Sion »[105].

Ces appels rabbiniques seront repris, dans le discours politique, par des juifs non religieux, comme Theodor Herzl (1860-1904)[106] et son ami Max Nordau (1849-1923). Les termes «retour», «Sion» et «peuple juif» y sont constamment employés[107].

On peut considérer que le rabbin Tzvi Hirsh Kalicher, Moses Hess et Léo Pinsker [108] sont à l'origine de l'idée du sionisme juif moderne, et que Theodor Herzl met en pratique ce concept, avec la création de l'OSM (Organisation Sioniste Mondiale) en 1897[109].

---

105 - En 1840, le fondateur de l'Eglise des Mormons (secte chrétienne fondée en 1830 aux Etats-Unis) envoie son élève Orson Hyde à Al-Quds (Jérusalem) pour faciliter la prophétie de la renaissance d'Israel. Les Américains pensent que la colonisation de la Palestine s'accorde avec leurs visions de la colonisation de l'Amérique, in «Dawrat Ma'had al-i'dad al-i'lami hawl as-sira' al-'arabi assahyuni» (Table ronde à propos du conflit arabo-sioniste), Naçir Chamaly, Damas, 21 juillet-2 août 2001
106 - Theodor Herzl, journaliste juif, envoyé d'un journal de Budapest à Paris en 1891. Il assiste en 1894 au procès d'Alfred Dreyfus, militaire juif français soupçonné et condamné pour espionnage en 1894, réhabilité en 1906.
A travers ce procès Herzl prend conscience de la « question juive ».
107 - Herzl, la veille du congrès sioniste de Bâle (1897), trouve intéressant d'apprendre des prières avant de se rendre dans une synagogue de la ville, The Jewish National Fund, o.c. p. 21.
108 - Léo Pinsker (1821-1891) pense que l'évolution du régime russe permet l'égalité entre tous les peuples. Mais, après les violences contre les juifs (1881-1882), il pense à d'autres voies. D'où son appel aux juifs dans « Auto-émancipation ».
Pinsker propose des projets, comme la création d'un congrès national et d'une société pour l'achat d'une terre où pourront s'installer plusieurs millions de juifs. Voir : As'ad 'Abd-ar-Rahman, L'Organisation sioniste mondiale, o.c. p. 30.
109 - En 1895, Herzl tente de rencontrer le baron Hirsh, créateur du mouvement de la colonisation en Argentine, pour lui proposer la création d'un Etat national pour les juifs. En vain. Il s'adresse alors au baron Rothshild (branche anglaise). Même réponse négative. En

Mais l'idée du retour des juifs en Palestine, se heurte à la résistance de nombreux rabbins[110].

En effet, le comité exécutif du conseil des rabbins allemands condamne, officiellement et publiquement les intentions des sionistes de créer un Etat national juif en Palestine, en considérant que cela est contraire au Livre Saint des juifs.
Car l'idée religieuse qui prévaut à l'époque est que les juifs ont quitté la Palestine, punis par Dieu il y a 2.000 ans, et il n'y a que Dieu qui par un miracle peut intervenir pour eux.

Certains rabbins, par exemple Yahuda Liwa Batzalil de Prague, s'opposent à toute tentative de retourner en masse en Palestine, et même de faire des prières pour cela[111].

Les exactions contre les juifs en Russie (1881-1882), suite à l'assassinat du Tsar Alexandre II, ont un effet important sur la naissance du mouvement «Amour de Sion» dans ce pays, qui va essaimer à travers l'Europe orientale et centrale.

Les « Amis de Sion » s'organisent dans des associations avec pour but l'émigration des juifs en Palestine. Un congrès de ces associations, présidé par Léo Pinsker se tient en 1884 à Katowice en Silésie.
Le «Comité Odessa» qui devient le comité exécutif du mouvement des « Amis de Sion », au début de 1890, est à l'origine de ce qu'on appelle : la première vague d'émigration juive en Palestine.

---

février 1896, il publie «L'Etat juif», où il expose ses idées sur la création d'un «Etat juif». Herzl pense que le problème juif est un problème national, et que les juifs constituent un seul peuple.
110 - Le premier congrès sioniste qui devait se tenir à Munich en 1897 est transféré à Bâle (Suisse) à cause de l'opposition des juifs de Munich.
111 - The Jewish National Fund, o.c. p. 19.

Le Comité insiste pour que l'hébreu soit enseigné en Palestine comme langue vivante.
Nathan Byrnaum (1863---1937), membre du mouvement «Amour de Sion» a créé le terme «sionisme»[112].

Le mouvement «Amour de Sion» trace la route au sionisme politique, qui sera incarné par Theodor Herzl. Juste après la sortie de son livre, l'«Etat juif» (1896), Herzl réussit à organiser le premier congrès sioniste à Bâle (Suisse) le 29 août 1897.

3 - Le sionisme trouve dans la « spécialité » des communautés juives un atout important

L'une des spécialités des communautés juives est de servir d'instrument à la colonisation européenne.
Plusieurs communautés juives serviront cette colonisation.
L'instrumentalisation par la Grande Bretagne des juifs pour s'installer en Orient, dominé par les Ottomans, est édifiante. Une véritable division du travail s'établit alors entre les deux parties.

Remontons à la « Réforme »[113].

Le retour des juifs en Palestine est une des idées centrales de la « Réforme » ce retour constituant une des conditions du « Salut chrétien »[114].

---

112 - L'Organisation sioniste mondiale, o.c. p. 33.
113 - Dans son livre « Jésus est né juif » (1523), Martin Luther expose des positions en faveur des juifs, contrairement à celles des catholiques qui, elles, leur sont hostiles. Mais après avoir désespéré de les convertir au christianisme grâce à la Réforme, Luther est désabusé, il publie : « Des juifs et de leurs mensonges » (1543).

114 - Le sionisme chrétien est né en Europe de l'Ouest et ce n'est que 2 siècles plus tard que le sionisme réalise ses projets. Il fallait :
- **a** - se «débarrasser» des juifs surtout après la grande émigration juive de l'Europe orientale et centrale vers l'Ouest de l'Europe ;- **b** - créer un Etat pour les juifs, un Etat «protégé», qui sera à son tour au service de l'Etat protecteur. Il était possible d'installer les juifs

Les sionistes s'empareront plus tard de cette idée, à l'origine chrétienne, pour la judaïser.

Au milieu du 17ème siècle, l'Angleterre puritaine voit la Palestine comme patrie pour les juifs. Et il est curieux de constater que, c'est dans un pays où il n'y avait pas de juifs que naît l'idée de coloniser la Palestine.
En effet, les juifs sont expulsés d'Angleterre à la fin du treizième siècle par Edouard I, et c'est Cromwell[115] (1599-1658) qui les autorise à y revenir.
En accueillant les juifs avant de les diriger vers la Palestine, l'Angleterre fait d'une pierre deux coups :
Répondre à une croyance religieuse, et instrumentaliser les communautés juives pour sa politique coloniale.

D'un autre côté, c'est par l'instrumentalisation des communautés juives d'expression yiddish que la Réforme espère résoudre la question juive.
Et c'est dans ce sens qu'il faut comprendre les opérations d'implantations de juifs, dans le cadre du colonialisme anglo-saxon, en Afrique du sud, en Australie, à la Nouvelle Zélande, à Hong Kong et aux USA.

Enfin, des communautés juives importantes participent à la colonisation par des Européens de territoires hors d'Europe.

Des juifs s'installent, derrière les troupes coloniales, hollandaises, espagnoles ou portugaises, et ils constituent ainsi une des matières premières de cette colonisation.

---

n'importe où, mais la Palestine sera choisie en 1917 (Déclaration Balfour).

115 - Edouard 1er, roi d'Angleterre (1239-1307).
Après la mort du roi Charles 1er en 1649, Oliver Cromwell règne en tant que Lord Protecteur, de 1653 jusqu'à sa mort en 1658.

En effet, c'est au milieu du 17ème siècle qu'ont eu lieu les tentatives d'implantations de juifs en Amérique.

La première tentative concerne l'ile de Curaçao (proche du Venezuela). Elle a avorté.
Mais la tentative la plus importante vise le Surinam, où la colonie «Barzditch Iland», créée en 1670, est la première colonie juive qui bénéficie d'une certaine indépendance ; mais l'économie de la colonie s'appuie sur l'esclavage ; le soulèvement des esclaves et leur union avec les autres habitants de l'île mettent fin à la colonisation juive.

Le colonialisme européen n'a pas hésité d'autre part à instrumentaliser les juifs ottomans, pour les transformer en une communauté liée à l'Occident, en profitant des « Capitulations » imposées par les Européens à l'Empire ottoman[116].

Vers la moitié du 20-ème siècle la plupart des communautés juives du monde arabe seront elles aussi instrumentalisées, mais par l'Etat sioniste[117].

Enfin, l'aboutissement ultime de l'instrumentalisation des communautés juives est la création d'«Israël», au nom de tout l'Occident[118].

§§§

---

[116] - Ce sont des privilèges obtenus par les Européens sur le territoire ottoman (commerce, douanes, etc.).
[117] - Encyclopédie sur les juifs et le judaïsme : un modèle d'explication nouvelle (en arabe), Abd-al-Wahab Al-Masiri, Le Caire, Dar ach-Chourouq, 1999, 8 volumes, vol. 2, p. 247-250.
[118] - « Ach-Chakhsiyya al-yahudiyya al-israiliyya wa ar-ruh al-'udwaniyya » (La personnalité juive israélienne), Rachad Ach-Chami, Le Caire, Dar Al-Hilal, 2002.
L'alliance militaire entre les USA et «Israël» signée en 1996, a pour objet de s'opposer au nationalisme arabe qui n'accepte pas l'existence de cette entité dans son sein.

4 - Le sionisme politique juif est une forme de colonialisme : « Israël » est un exemple vivant.

« Israël » est nécessairement l'instrument de la puissance occidentale la plus puissante du moment.
A sa création, le sionisme est au service de l'Angleterre et, après la création d'« Israel » en 1948, il se met au service des USA. La « société israélienne » ne peut pas se constituer, et ne pourra jamais le faire car elle est un agrégat de colons immigrés.

Depuis sa création, le projet sioniste traverse des crises. Les 2 « Intifada » palestiniennes (1987 et 2000), qui s'étaient déroulées sous nos yeux, sont parmi les plus récentes.

Par ailleurs, selon des leaders sionistes, le crime et la corruption se développent dans la société; les mafias du monde y trouvent refuge[119] et le tiers des juifs de 25 à 30 ans, originaires de pays occidentaux souffrent d'oppressions psychiques[120].

D'un autre côté, l'«aspect démographique» est un obstacle important auquel se heurte aujourd'hui le sionisme.
A moyen terme, la population palestinienne, de « nationalité israélienne » sera majoritaire en « Israël » et alors le caractère juif de l'Etat que cherchent à tout

---

119 - Selon Abraham Burg, ancien président de l'Assemblée israélienne (1999-2003) et ancien président de l'« Agence juive », voir : journal « Le Monde », Paris, 11 septembre 2003.
120 - Al-Isti'mar as-sahyouny wa tatbi' achakhsiyya al-yahoudiyya : dirasat fi ba'd mafahim as-sahyuniyya wal mumarasat al-israiliyya, (Le colonialisme sioniste et le caractère de la personnalité juive), Abd-al-Wahab Al-Masiri, Beyrouth (Mu'assassat al-Abhath al-'Arabiyya), 1990, p. 191.
Selon Note de lecture dans : Majallat ad-Dirasat al-Filastiniyya (Revue d'études palestiniennes, en arabe), Beyrout, num. 3, 1990, p. 120-122.
Voir aussi : Encyclopédie sur les juifs et le judaïsme, o.c.

prix à préserver les sionistes disparaîtra, et avec lui tout le projet sioniste[121].

L'exigence des sionistes d'un Etat juif exclusif, principe fondateur du sionisme, n'offusque, toujours pas, la conscience occidentale.

5 - La propagande sioniste

Pour défendre leurs idées les sionistes usent de l'amalgame entre réalité et mythe, mais cette attitude rencontre de plus en plus de limites.

L'« Histoire ancienne du peuple israélite » montre que l'amalgame entre les légendes bibliques, et la réalité archéologique, pour certifier l'histoire ancienne d'« Israël », est de plus en plus controversé[122].

L'idée, mise en avant par les sionistes, selon laquelle les juifs de nos jours sont la continuation des juifs des textes sacrés ne trouve d'écho qu'auprès de certains juifs.

Les juifs monopolisent le «Mouvement Ibrahimique», ou l'«Appel Ibrahimique» (lié à Abraham), lancé il y a quelques 2.000 ans avant J.C., et qui est un événement important qui a duré 3 siècles.

Seulement, c'est un événement, au niveau de tout le Proche-Orient, et qui n'a pas concerné un clan ou une

---

[121] - Ce n'est pas un hasard si des sionistes appuient aujourd'hui la création d'un Etat palestinien à côté d'« Israel », à condition que cet Etat soit désarmé et renonce au droit au retour en Palestine des réfugiés palestiniens.

[122] - At-Ta'rikh al-qadim li-acha'ab al-israily (Histoire ancienne du peuple israélite), traduit de l'anglais par Salah Ali Sudah, Beyrouth (Bisan : Edition et Diffusion), 1995, 294 p.
Le titre original est : Early History of the Israelite Poeple From Written and Archeological Sources, Thomas L. Thompson, Edition : E.J. BRILL, Leiden, New-York, Köln, 1994, 489 pages, 1ère éd. 1992.
Après la publication de son livre l'auteur est exclu, sous la pression d'un lobby juif américain, de l'Université de Milwankee où il enseignait l'Archéologie.

tribu en particulier[123].

L'exil des juifs de Palestine, imputé aux Romains, est une autre contre-vérité :
Le Talmud, composé entre l'an 50 et l'an 500 ne mentionne aucunement cet exil.
Depuis l'occupation de la Palestine par les Romains et par ceux qui leur ont succédé, les juifs de Palestine se déplaçaient librement, vers et hors de Palestine.
Ce sont les rabbins qui empêchaient les juifs de la diaspora de revenir en masse en Palestine, avant le «retour du Messie», toujours est-il que l'émigration individuelle était autorisée[124].

Au dix-neuvième siècle, les chercheurs qui s'appuient sur la Bible considèrent, à tort, le terme «peuple d'Israel » comme une vérité historique et comme l'unique terme pour définir les habitants de la Palestine depuis le bronze (environ 2000 ans AJC).
Cette considération est à la base de la légende sioniste : « un peuple sans terre retourne à une terre sans peuple »[125].

Mais la réalité dans ce même dix-neuvième siècle, est que la Palestine est « peuplée ».
La Palestine convoitée, car supposée « terre vide », a toujours eu sa personnalité, même du temps des Ot-

---

[123] - in « Dawratte Ma'had al-i'dad al-i'lami hawl as-sira' al-'arabi assahyuni» (Table ronde à propos du conflit arabo-sioniste), Naçir Chamaly, Damas, 21 juillet-2 aout 2001.
[124] - Note de lecture de Israel Chahak (Président de la Ligue des Droits de l'Homme en «Israel»), dans : « Al-Khataya al Asliyya : Ta'ammulat fi ta'rikh as-sahyuniyya wa Israel », (en arabe), Majallat ad-Dirasat al-Filastiniyya (Revue d'études palestiniennes, en arabe), Beyrout, num 14, printemps 1993, p. 205-209. Livre original : Reflections on the History of Zionism and Israel by Benjamin Beit-Hallahmi, Boulder, Co: Westview Press, 1991.
[125] - Michael Prior, Western Scholarship and the History of Palestine, éd. Melisende (London), 1998, 111 p. Voir : note de lecture : Majallat ad-Dirasat al-Filastiniyya, o.c. N° 41, hiver 2000, p. 184.

tomans[126].

Dans son livre (1986), Alexander Schölch décrit le développement économique et social de la Palestine et son identité propre[127].

Les sionistes s'obstinent à penser, contre vents et marées, que les Palestiniens n'avaient pas d'emprise sur la vie politique, économique et sociale, dans l'Empire ottoman.

De plus, contrairement à ce que prétendent les sionistes, la colonisation juive ne gênait pas les gros propriétaires palestiniens, mais les fellahs les travailleurs et les artisans[128].
Et les fellahs œuvraient, de façon convenable la terre, contrairement aux allégations sionistes[129].

En 1900, le dirigeant sioniste Max Nordau déclare que la Palestine est « vide » et que les juifs apporteront la prospérité à l'Empire ottoman, dont le revenu annuel

---

126 - Rachid Khalidi, Palestinien Identity : The Construction of Modern National Consciousness, Comlumbia University (New York), 1997, 309 p. Ttraduction de l'anglais par Joëlle Marelli : L'identité palestinienne : la construction d'une conscience nationale, Ed. La Fabrique, Paris, 2003, 402 p.
Voir également la note de lecture : Majallat ad-Dirasat al-Filastiniyya, o.c. num. 35, été 1998, p. 185-193.
Voir aussi : Beshara Doumani, universitaire de Pennsylvanie, « La redécouverte de la Palestine ottomane », Revue d'Etudes Palestiniennes, Paris, num. 46, hiver 1993, p. 101-128.
127 - Alexander Schölch, Palästina im Umbruch, 1856-1882, Stutgart, 1986.
En français, il existe une note de lecture de l'ouvrage de Schölch : « Le développement économique de la Palestine, 1856-1882 », in Revue d'Etudes Palestiniennes, Paris, n°10, hiver 1984, p. 93-113.
128 - The attitude of the ottoman empire toward the zionist movement 1897-1909, Hassan Ali HALLAK, Beyrouth, 1980 (en arabe), 425 p., p.239.
129 - Attitude ottomane, o.c. p. 80-82.
Témoignages d'Anglais et de sionistes : Contre l'idée d'une Palestine stagnante avant 1882.

sera augmenté, grâce à l'immigration des juifs en Palestine[130].
En 1902, on prétendait que les colonies juives se développaient, au point où il était nécessaire d'importer des produits industriels d'Angleterre[131].

Mais contrairement à cette propagande sioniste, la colonisation ne participait pas à la production en Palestine[132].

Par ailleurs, le sionisme n'est pas une réponse à l'antisémitisme comme le prétendent les sionistes.
Au contraire, le sionisme extrait les juifs des sociétés dans lesquelles ils vivent.

Le sioniste Vladimir Jabotzinsky (1880-1940) n'appelle-t-il pas à la construction d'un «mur de fer» entre la communauté juive et les «Autres» en Palestine?[133].
C'est dire la mentalité sioniste, qui ambitionne de libérer les juifs du ghetto pour les fixer dans un autre plus vaste.

Aujourd'hui encore, en « Israel », les sionistes appliquent la séparation des communautés :
les juifs et les non-juifs n'ont pas les mêmes droits[134].

Enfin, l'interprétation de l'authenticité historique de la

---

130 - Attitude ottomane, o.c. p. 175.
131 - Ibid, p. 178-180.
132 - Voir des témoignages dans : Attitude ottomane, o.c. p. 148. Voir aussi plus haut le témoignage de l'ambassadeur américain.
Renflouement de colonies en échec grâce à l'argent de juifs de l'étranger.
133 - Nur-ad-Din Muçalha, Imperial Israel and the Palestinians : The Politics of Expansion, éd. Pluto Press London/Sterling, Virginia, 2000, Voir : Al-Quds al-'Arabi (quotidien arabe), Londres, 02 octobre 2000. Cela nous ramène au présent : la construction du « Mur de sécurité » par le Premier ministre sioniste Sharon en 2003.
134 - Pas de liberté de choix du lieu de résidence, écartés du service militaire et des postes dans l'Administration, populations déplacées, terres spoliées, etc.

Bible, qui est à l'origine du drame que vivent les Palestiniens, depuis plus d'un siècle, est aujourd'hui remise en cause par les sionistes eux-mêmes[135].

Fin du Chapitre_8

---

135 - L'historicité de la Bible est remise en cause. Les chercheurs sionistes eux-mêmes reconnaissent aujourd'hui que les écrits de la Bible n'ont rien d'historique.
Cf : La Bible dévoilée. Les nouvelles révélations de l'archéologie, Israël Finkelstein (professeur à l'université de Tel-Aviv) et Neil Asher Silberman. Traduit de l'anglais par Patrice Ghirardi, Bayard Editions, Paris, 2002, 432 p.

1897 : 1er Congrès sioniste à Bâle (Suisse) : Encourager la colonisation, en recrutant exclusivement des artisans et des travailleurs agricoles juifs

Chapitre_9 : Mise en place du programme sioniste

1 - Le premier congrès sioniste
2 - L'opposition au sein du sionisme
3 - La création des principales institutions sionistes

&&&

1 - Le premier congrès sioniste

En 1897, la situation des colons juifs en Palestine est difficile, en particulier à Safad, non seulement dans le domaine économique mais aussi social et sanitaire[136].

La même année (29 août), le premier congrès sioniste réunit à Bâle en Suisse 204 participants juifs de différents pays.
Le congrès qui sera l'organe législatif représentant les juifs du monde, met au point le «Programme de Bâle» et l'«Organisation sioniste mondiale»[137].

Le congrès de Bâle définit la visée du sionisme qui est l'installation d'une « Patrie nationale » pour le peuple juif, en Palestine, garantie par le droit public.

A cet effet, plusieurs axes de travail sont définis :
-encourager la colonisation en employant des travailleurs agricoles et des artisans juifs ;
-organiser les juifs à travers des institutions locales et internationales, selon la juridiction des pays où ils résident ;

---

[136] - The attitude of the ottoman empire toward the zionist movement 1897-1909, Hassan Ali HALLAK, Beyrouth, 1980 (en arabe), 425 p., p. 146-148.
[137] - Ce programme ne sera remplacé qu'en 1951, lors du 23 ème congrès sioniste, par le « Programme Jérusalem ».
C'était, après la création de l'«Etat sioniste», c'est dire l'importance du « Programme de Bâle ».

-développer la conscience nationale chez les juifs ;
-solliciter l'appui au projet sioniste, auprès d'un maximum de pays[138].

Après ce congrès, un leader libanais envoie de Paris, un article au journal égyptien «Al-Muqattam», daté du 23 octobre 1897.
L'article, intitulé « Royaume de Sion », signale que le premier congrès sioniste de Bâle a décidé l'achat de terres, l'envoi d'artisans juifs et la création d'une banque juive en Palestine.
Il ajoute que les sionistes ne pensent pas à la création d'«Israël» avec l'aide des Européens (car ceux-ci sont opposés à cette création), mais ils pensent au contraire que les Ottomans faciliteront la réalisation de leur projet[139].

Les congrès sionistes qui suivront le 1er congrès, se réuniront chaque année, et une fois tous les deux ans après 1901. Des associations sionistes qui se constituent dans les différents pays, délègueront leurs représentants aux congrès.

En 1900, en l'espace donc de 3 ans, les associations sionistes en Grande Bretagne passent de 16 à 39, aux Etats-Unis de 103 à 135 et en Russie de 900 à 1.146 associations[140].

Le «Fonds national juif» (F.N.J), institution destinée à

---

[138] - As'ad 'Abd-ar-Rahman, L'Organisation sioniste mondiale : les débuts, les institutions, les activités et les conflits (1882-1982), (en arabe), Beyrouth, Al-Mu'assasat al-'arabiyya li-dirasat wan-nashr, 1985, 272 p., p. 34-35.
[139] - Attitude ottomane, o.c. p. 243. Voir aussi : « Dawr assahafa al-'arabiyya fi muqawamat as-sahyouniyya (1897-1914) (Rôle de la presse arabe dans la résistance contre le sionisme), Docteur Ismaïl Ahmad Yaghi, Revue d'Histoire maghrébine, Tunis, num. 57-58, juillet 1990, pp. 523-561, p.539-540.
[140] - L'Organisation sioniste mondiale, o.c. p. 45-46.

l'achat de terres en Palestine, est fondé lors du 5ème Congrès (8 août 1901).

2 - L'opposition au sein des sionistes

L'« Organisation sioniste mondiale » (O.S.M) ne crée pas l'unanimité chez les juifs. Les juifs russes qui représentent un poids important dans le mouvement sioniste s'opposent énergiquement à Theodor Herzl, le président de l'O.S.M[141].

L'écrivain français, Bernard Lazare, quitte l'organisation sioniste, après le 2ème congrès, jugeant celle-ci peu démocratique[142].

Il faut remarquer également la tension qui existe entre les sionistes et l'« Alliance juive française ».
Cette tension est décrite par le rabbin Haïm Na'oum de l'«Alliance juive française»[143].

---

[141] - C'est ainsi qu'une opposition à l'intérieur du mouvement sioniste se fait jour à travers le « Comité russe » qui appelle à la tenue d'un congrès de leaders sionistes russes à Karkov en Russie en octobre 1903. Le congrès lance un dernier avertissement à Herzl, afin que celui-ci change ses méthodes dictatoriales dans la gestion des affaires de l'Organisation.
Le congrès demande au même Herzl de renoncer définitivement au projet d'installation des juifs en Ouganda et de ne plus proposer de projet qui ne concerne pas la Palestine ou la Syrie. Le congrès russe menace de ne plus envoyer ses cotisations à Vienne si ses demandes ne sont pas acceptées.
En avril 1904, après six mois de tension entre Herzl et le « Comité russe », l'unité du mouvement est préservée, voir : L'Organisation sioniste mondiale, o.c. p. 57-59.
Herzl meurt quelques semaines plus tard.
[142] - L'Organisation sioniste mondiale, o.c. p. 59-60.
[143] - Un grand rabbin Sépharade en politique 1892-1923. Textes présentés par Esther Benbassa. Préface d'Annie Kriegel, Presses du CNRS, 1990. Note de lecture de ce livre dans Al-Yom Assabi' (hebdomadaire arabe édité en France), 14 et 28 mai 1990. Il s'agit de la vie du rabbin Haïm Na'oum et d'une grande partie de sa correspondance avec l'«Alliance juive française». Le rabbin Haïm Na'oum est l'auteur d'un rapport sur les Falacha d'Ethiopie avant 1908.

Une entente se constitue contre le rabbin d'Istanbul, constituée par les traditionalistes, les juifs allemands et le mouvement sioniste.
La tension a pour origine des différends, relatifs à des frictions entre la France et l'Allemagne. De plus, l'«Alliance» refuse l'idée d'une patrie nationale juive, en Palestine.

Biguar, le représentant du rabbin Na'oum à l'«Alliance française», adresse un message à celui-ci, le 26 nov. 1909.
Dans ce message, il est demandé au rabbin de militer contre la vague montante du sionisme et de tâcher à ce qu'un parlementaire ottoman (non juif), lance un appel aux Autorités dans lequel le sionisme serait dénoncé comme un mouvement national séparatiste qui met en cause l'unité de la patrie ottomane.

Na'oum s'oppose aux sionistes sur l'idée d'une patrie juive en Palestine, mais il reconnaît (il informait l'«Alliance» à ce sujet) que l'idée sioniste est bien accueillie, chez les juifs ottomans[144].

D'autres communautés juives comme «Nâtourî Karta» et «Ziloutioun» sont contre la création d'un Etat juif.

La première considère que la création d'un tel Etat est une désobéissance au Créateur, alors que la seconde y voit un acte contraire à la Thora, qui conditionne un « Etat juif » à l'apparition du Messie. Ces communautés continuent d'appeler, aujourd'hui, la Palestine par son nom arabe et non par le terme « Israël ».

La communauté «Nâtourî Karta» dénonce, jusqu'à aujourd'ui, la répression contre le peuple palestinien par les sionistes[145].

---

[144] - Un grand rabbin Sépharade en politique 1892-1923, o.c.
[145] - Agence « Quds Press », 17 sept 2003.

3 - La création des principales institutions sionistes

A la fin du dix-neuvième siècle, les sionistes créent les principales institutions de leur mouvement :

a- Le «Jewish colonial trust», fondé en 1899 à Londres avec un capital de 400.000 livres, est une institution importante du mouvement sioniste.
Le «Colonial» a des filiales à Istanbul, Beyrouth et en Palestine.
b- Le « Fonds national juif » (FNJ) est destiné à l'achat de terres en Palestine.
Les terres achetées sont considérées comme des fondations juives au nom du peuple juif invendables, non exploitables par des non-juifs et où il est interdit à des non-juifs d'y travailler[146].

Si la décision de créer le FNJ remonte au 5ème congrès sioniste (1901), il est resté officieux jusqu'à son inscription légale en Angleterre, en avril 1907[147]. Son siège de Cologne est alors transféré à Vienne[148].

La création du FNJ a mis au jour, à l'intérieur du mouvement sioniste, des divergences sur les méthodes de la colonisation de la Palestine.
Herzl et ses amis pensent qu'il faut disposer de «droits de colonisation» avant d'acheter des terres[149].

---

[146] - Amine Mahmud 'Ataya, « Al Istaytan as-sahyuni fi Filastin : 1882-1991 » (La colonisation sioniste en Palestine), Al-Wahda, Rabat (Maroc), num. 99, décembre 1992, p. 43-60, p. 47-48.
[147] - As-Sunduq al-Qawmi al-Yahudi.
Traduction en arabe de : The Jewish National Fund, Walter Lehn in association with Uri Davis, Beyrouth(Liban), Institute of Palestine Studies, 1990, 393 p., p.39.
[148] - The Jewish National Fund, o.c. p. 46.
[149] - The Jewish National Fund, o.c. p. 39.
Herzl considère que la construction d'un Etat juif doit être garantie par le droit international.
Pour l'époque il faut entendre par droit international droit occidental ou bien droit impérialiste occidental pour être plus précis.

L'essentiel, pour les autres membres du mouvement, est d'acheter des terres par tous les moyens.
c - La « Banque sioniste » est créée en 1899 et sa mise en place a nécessité beaucoup de temps.
Une succursale de cette banque est créée, en 1903, à Yâfâ (Jaffa) en Palestine.
Elle prend le nom de «Banque anglo-palestinienne»[150] puis celui de «Banque centrale israélienne», après la création de l'« Etat sioniste » en 1948[151].
d - Le «Palestine Office» est créé en 1908 sous la responsabilité du juif prussien Arthur Ruppin.
Le «Bureau Palestine» coordonne les achats de terres au nom du «Fonds national juif»[152].

Fin du Chapitre_9

---

[150] - L'Organisation sioniste mondiale, o.c. p. 48.
[151] - The Jewish National Fund, o.c. p. 35.
[152] - «Bina' ad-dawla al-yahudiyya 1897-1948, al-adat al-'askariyya» (La construction de l'Etat juif 1897-1948 : les outils militaires), Walid Khalidi, Majallat ad-Dirasat al Filastiniyya (en arabe), Beyrouth, num. 39, été 1999, p. 65-103, p. 68.

Les contacts des sionistes avec les Ottomans. A la recherche d'une colonie pour les juifs.

Chapitre_10 : Les activités de Theodor Herzl.
Les juifs à la recherche d'une reconnaissance[153]

1 - A la recherche d'une reconnaissance
2 - Les discussions avec l'Allemagne
3 - Les premiers contacts de Herzl avec les Ottomans
4 - Avec la Grande Bretagne
5 - Avec la Russie, l'Italie et le Vatican
6 - A la recherche d'une colonie pour les juifs

&&&

1 - A la recherche d'une reconnaissance

Le leader sioniste Herzl consacre les dix dernières années de sa vie à faire reconnaître, par les puissances européennes le mouvement sioniste, et à chercher un lieu d'implantation pour les juifs.

Cette recherche se fait dans plusieurs directions, même, si le mouvement privilégie l'émigration des juifs en Palestine. Car pour Herzl, la Palestine n'est qu'une option parmi d'autres. Mais, aucune recherche de colonie ne se fait en Europe ni en Amérique du Nord. La recherche d'une terre à coloniser n'importe où est due au fait que tant que gouvernera le Sultan ottoman Abdul-Hamid II (1876 à 1909), les sionistes désespèrent de la Palestine.

Déjà en 1895, avant même le congrès de Bâle, il est question d'une colonisation juive d'un lieu quelconque en Amérique du sud.
Sans préciser l'endroit de cette colonie, Herzl dit dans

---

153 - Environ une trentaine de projets de colonisation sont imaginés par les sionistes (chrétiens ou juifs), « Al-Mancha' al-Uruppi lis-sahyuniyya wa marahil tahwidiha » (L'origine européenne du sionisme), Umar Kylani, Al-Hayat (quotidien arabe, édité à Londres), 25/12/2003

une lettre à Rothschild (branche anglaise) :
«Nous sommes maintenant sûrs du pays que nous occuperons après la fin des négociations»[154].
Cette recherche de colonies tous azimuts, montre bien le caractère colonial du sionisme[155].

Herzl multiplie ses contacts, principalement, avec les Autorités ottomanes, l'Allemagne et la Grande Bretagne.

Herzl n'hésite pas à exploiter, dans ses interventions, les antagonismes qui existent entre les puissances européennes.
En effet, la lutte entre celles-ci, se répercute à l'intérieur des communautés juives ottomanes.

Les Français agissent à travers l'« Alliance juive française », les Anglais par l'intermédiaire du Grand rabbin séfarade, siégeant à Londres, et les Allemands, à travers la communauté juive allemande d'Istanbul[156].

---

154 - Lettre de Herzl à Rothschild à propos d'une colonisation éventuelle en Amérique du sud (15/06/1895). Herzl définit le plan d'occupation de ces « nouvelles terres » (études des particularités naturelles du pays, création d'une administration centrale, répartition des terres).
Mais la répartition des futurs colons dans les différentes régions par rapport aux populations locales n'est pas précisée, Wathaïq Filastin, Mi'atan wa thamanuna wathiqa mukhtara 1839-1987 (Documents et Archives sur la Palestine : 280 documents choisis, 1839-1987), Daïrat ath-thaqafa (OLP), 1987, 486 p., p.13-14. Voir documents, Paris, Institut du Monde Arabe.
155 - Le choix de la Palestine ne se fera qu'en 1917 (La Déclaration Balfour) et ne sera réalisé qu'après la chute de l'Empire ottoman et le partage de ses provinces arabes entre Anglais et Français.
156 - Un grand rabbin Sépharade en politique 1892-1923.
Textes présentés par Esther Benbassa, préfacés par Annie Kriegel, Presses du CNRS, 1990. Voir : Note de lecture de ce livre dans Al-Yom Assabi' (hebdomadaire arabe édité en France), 14 et 28 mai 1990.
Il s'agit de la vie du rabbin Haïm Na'oum et d'une grande partie de sa correspondance avec l'« Alliance juive française ».
Le rabbin est l'auteur d'un rapport sur les Falacha d'Ethiopie avant 1908.

2 - Les discussions avec l'Allemagne

Le but des sionistes est de créer, sous la responsabilité allemande, une «Société juive», entreprise chargée de l'émigration des juifs en Palestine.
Les contacts avec les Allemands se font à travers l'Archiduc de Baden[157].
Herzl, représentant le mouvement sioniste, obtient 2 rencontres avec l'Empereur allemand Guillaume II. La première se déroule le 19 oct. 1898 à Istanbul, et la seconde, le 2 nov. à Jérusalem. Ces 2 rencontres ont lieu, lors de la visite de l'Empereur dans ces deux villes.
Herzl compte sur l'aide de l'Empereur allemand, pour obtenir du Sultan ottoman un agrément pour la « Société juive », mais en vain.

A Jérusalem, Herzl expose à l'Empereur la liaison qui existe entre le sionisme ancien et le sionisme moderne. L'idée du sionisme est très ancienne, dit-il, elle lie les juifs à la Palestine par le rêve seulement, sans possession réelle, alors que le sionisme d'aujourd'hui moderne, a pour but la solution de la question juive.
Herzl déclare à l'Empereur, que pendant le congrès de Bâle, les sionistes ont annoncé devant le monde entier leur volonté de fonder «une patrie pour le peuple juif» dans le cadre du droit.
Cette terre de Palestine, ajoute Herzl, qui est celle de nos ancêtres, est une terre propice à la colonisation et à l'agriculture[158].

De fortes relations lient les Allemands aux Ottomans depuis la fin du dix-neuvième siècle.
157 - Le 13 avril 1896, Herzl rencontre l'Archiduc de Baden et lui demande son appui pour avoir des entrevues avec l'Empereur Allemand et le Tsar de Russie.
Voir : A propos de la rencontre Herzl -- Archiduc de Baden (13-04-1896), « Journal de Herzl », Edition Anis Sayegh, Collection Livres Palestiniens, Wathaïq Filastin, o.c. p. 14-16.
158 - Discours de Herzl devant le Kayser en Palestine (2-11-1898), « Journal de Herzl », Wathaïq Filastin, o.c. p. 27-28.

3 - Les premiers contacts de Herzl avec les Autorités ottomanes sont antérieurs au premier congrès sioniste de Bâle en Suisse (1897)

Herzl ne ménage pas ses efforts, pour rencontrer des personnalités ottomanes.

Il s'entretient avec Jawid Bek (fils du Grand vizir Khalil Rafaat Bacha) et lui fait part de son souhait de voir la naissance d'une «République aristocratique» pour les juifs, laquelle République ne serait pas indépendante des Ottomans, mais ayant avec eux les mêmes relations que conservent la Bulgarie et l'Egypte avec l'Empire.
Les discussions de Herzl avec Jawid Bek trouvent leurs limites le 8/06/1896 lorsqu'on arrive à la question des Lieux Saints, même lorsqu'Herzl promet que Jérusalem restera hors des frontières de l'«Etat juif»[159].

Herzl rencontre également le conseiller du Sultan Nayolinsky, qui lui annonce que le Sultan ne se séparera jamais de Jérusalem, et proposerait, peut-être, l'installation des juifs en Anatolie[160].

---

159 - Herzl : Discussions avec Jawid Bek (8 juin 1896), « Journal de Herzl », Edition Anis Sayegh, Collection Livres Palestiniens, in : Wathaïq Filastin, o.c. p. 18.
160 - Nayolinsky dit également à Herzl que le Sultan espère l'aide des juifs, dans sa lutte contre les Arméniens, en échange d'une action en leur faveur.
Le Sultan avait chargé Nayolinsky d'une mission secrète auprès des Arméniens à Bruxelles, Paris et Londres pour leur proposer des réformes, s'ils cessaient leur opposition contre lui.
Les Comités arméniens devaient faire grève en août 1896, et il est demandé aux juifs de les convaincre de différer d'un mois leur grève, et pendant ce mois, des négociations auraient lieu entre les Autorités ottomanes et les représentants juifs.
Nayolinsky dit à Herzl qu'il faudrait que dans cette négociation, les milieux politiques n'interviennent pas.
Herzl promet de parler à des juifs riches.
Voir : Herzl, à propos de la position des juifs « pour le Sultan et contre le peuple arménien » (7-5-1896), «Journal de Herzl», Ed.

Herzl propose d'un autre côté aux Ottomans, très endettés vis à vis des Européens, une aide financière afin qu'ils suspendent l'interdiction de l'immigration juive en Palestine[161]. Proposition rejetée. Cela n'empêchera pas l'immigration juive clandestine de se poursuivre[162].

Fin 1897, Herzl entreprend une visite de 4 semaines en Palestine, dans le but d'estimer le coût de l'immigration juive dans ce pays[163].
Lors de ce voyage, Herzl ne semble pas remarquer la 'présence' des Palestiniens[164].

Grâce aux recommandations de certaines personnalités, Theodor Herzl rencontre le Sultan Abdul-Hamid, en tant que « journaliste juif connu », le 18 mai 1901. Lorsque Herzl parle, lors de sa rencontre de 2 heures avec le Sultan de la persécution des juifs, celui-ci ré-

---

Anis Sayegh, Collection Livres palestiniens, in : Wathaïq Filastin, o.c. p. 16-17.
161 - Herzl, à propos de la décision du Sultan sur la Palestine (15-06-1896), « Journal de Herzl », édition Anis Sayegh, Collection Livres Palestiniens, in : Wathaïq Filastin, o.c. p. 18.
162 En effet, 20.000 pèlerins russes environ arrivaient chaque année en Palestine à la fin du dix-neuvième siècle.
Les Autorités les prévenaient qu'ils seraient expulsés, s'ils ne respectaient pas la loi sur l'immigration, mais certains s'y installaient, The attitude of the ottoman empire toward the zionist movement 1897-1909, Hassan Ali Hallak, Beyrouth, 1980 (en arabe), 425 p., p. 168.
163 - Le coût de l'émigration d'un juif en Palestine s'élève à 1.000 Francs par personne, voir : Lettre de Herzl à Nordau (11-12-1897), Edition Anis Sa'aygh, Wathaïq Filastin, o.c. p. 24-26.
164 - Les Occidentaux ont cette attitude d'ignorer les populations locales.
De nombreuses photos sur la Palestine sont transformées « en allégories bibliques et concentrées sur le caractère extra temporel de la société palestinienne ». Voir : Sarah Graham-Brown, Palestinians and their Society de 1880 à 1946 : a photographic essai, Londres, Quartet Books, 1980, 184 p.
Note de lecture : «Essai photographique sur la société palestinienne 1880 à 1946» in : Revue d'Etudes Palestiniennes, Paris, num. 2, hiver 1982, p. 97-102.

pond que son Empire reste ouvert aux réfugiés juifs, comme il l'a toujours été[165].
Deux autres rencontres avec le Sultan auront lieu en février et juillet 1902. Aucune d'elles ne donnera de résultat.

Le 17 juin 1901, Herzl écrit au Sultan ottoman, pour lui proposer la constitution d'une « Société juive pour le développement » en échange de l'immigration juive en Palestine.
Cette société aurait pour but, de renforcer l'Etat ottoman en dynamisant l'agriculture et l'industrie en Asie mineure et en Syrie (dont la Palestine)[166]. Le premier projet de la Société porterait sur l'exploitation du soufre.

Herzl, lors de ses interventions auprès des Ottomans, n'hésite pas à leur proposer ses « services »[167].

En conclusion, la position du Sultan ottoman sur l'immigration juive en Palestine est claire :
«Je ne peux pas vendre, ne serait-ce qu'un seul pouce de cette terre, parce que cette terre ne m'appartient

---

165 - A propos de la rencontre de Herzl avec le Sultan, « Journal de Herzl», (18/05/1901), Wathaïq Filastin, o.c. p. 33-35.
Voir aussi : Lettre de Herzl au Sultan en 1902 dans laquelle celui-ci souligne la tradition turque d'accueillir les juifs dans l'Empire, in : La Déclaration Balfour, 1917 : Création d'un foyer national juif en Palestine, présentée par Renée Neher-Bernheim, Paris, 1969, 473 pages, note p.109.
166 - Lettre de Herzl au Sultan (17/06/1901), « Journal de Herzl », Wathaïq Filastin, o.c. p. 35-37.
167 - Herzl propose au Sultan de mettre fin aux activités de l'écrivain, Ahmad Ridha, qui attaque l'Empire depuis Paris, voir : Lettre de Herzl au Sultan (17/06/1901), « Journal de Herzl », Wathaïq Filastin, o.c. p. 35-37.
Herzl propose également dans une lettre au Sultan de créer une Université juive à Al-Quds (Jérusalem), afin que les jeunes ne se rendent plus à l'étranger, et ne soient pas influencés par les idées révolutionnaires.
Voir : Proposition de Herzl pour la création d'une Université juive à Jérusalem (03/05/1902), Wathaïq Filastin, o.c. p. 37.

pas ; cette terre appartient à mon peuple»[168].

Après son échec auprès les Ottomans, Herzl se tourne vers la Grande Bretagne.

4 - Les discussions avec la Grande Bretagne

Lorsque Herzl réalise l'échec de ses discussions, avec les Ottomans, il pense avec les Anglais, à une installation des juifs à Chypre. L'opposition des «Amis de Sion» à cette idée est acharnée.

Le 22 octobre 1902, le Comité royal anglais de l'émigration étrangère demande à Theodor Herzl quelle serait sa solution à l'immigration juive en Angleterre, en provenance d'Europe Centrale et Orientale qui devient inquiétante.
Herzl met au courant Chamberlain, le ministre des colonies, de ses discussions avec les Ottomans.
La rencontre de Herzl avec Chamberlain débouche sur une proposition de ce dernier pour une installation des juifs à Al-Arish (en Egypte) alors occupée par la Grande Bretagne[169]. (A Noter qu'à cette date, Balfour, célèbre par la déclaration qui porte son nom et qui favorise la création d'un foyer national juif en Palestine, était Premier ministre)[170].

---

[168] - Al-Mawjaz fi ta'rikh ad-duwwal al-islamiyya wa 'uhuduha fi biladina filastin (Histoire des États islamiques et leurs relations avec la Palestine), par Mustafa Murad ad-Dabbagh, Beyrouth, 2 volumes (1981,223 pages) et (1982,175 pages), volume 2, p. 60.
Voir aussi : Mudakkirat as-sultan Abdul-Hamid (Mémoires du sultan Abdul-Hamid-II), traduit du turc à l'arabe, présentation, commentaires de Mohammad Harb AbdelHamid, Le Caire, 1978, 149 p., introduction, p. 11.
[169] - As'ad 'Abd-ar-Rahman, L'Organisation sioniste mondiale : les débuts, les institutions, les activités et les conflits (1882-1982), (en arabe), Beyrouth, Al-Mu'assasat al-'arabiyya li-dirasat wan-nashr, 1985, 272 p., p. 53.
[170] - En plus du projet d'Al-Arish, Chamberlain propose à Herzl une implantation juive en Iraq, mais celui-ci lui répond qu'il a déjà refusé une proposition identique du Sultan ottoman.

Les différents projets d'installation des juifs au début du 20ème siècle : Al-Arich, Ouganda, Palestine.
(Voir Annexe_9 (p.205) : Quelques projets d'implantation de colonies juives).

a - Le projet d'implantation à Al-Arich dans le Sinaï égyptien.
Après la rencontre Chamberlain-Herzl, ce dernier se rend en Egypte.
Le Haut-commissaire britannique en Egypte occupée fait évaluer la possibilité d'une colonisation juive à Al-Arich. Une Mission d'études s'y rend du 11 fév. au 25 mars 1903[171].
Le projet de la colonisation juive nécessitait une dérivation des eaux du Nil vers le Sinaï au préjudice de la terre d'Egypte elle-même[172].
Le Haut-commissaire refuse le projet[173].

Herzl dit à propos du projet d'Al Arish :
«Si une compagnie juive parvient à s'installer à Al-A-

Herzl penche pour une colonie à l'est de la Méditerranée qui renforcerait la possibilité pour les Anglais d'occuper la Palestine.
Et les juifs de la Palestine devenue anglaise, seraient des sionistes sincères, voir : Lettre de Herzl à Chamberlain contenant le projet de Herzl de la colonisation du Sinaï (12/07/1902), Wathaïq Filastin, p. 38-39.
171 - «Israel et les eaux du Nil», Kamel Zouheiri, Revue d'Etudes palestiniennes, Paris, num. 12, été 1984, p. 37-50, p. 41.
Kamel Zouheiri est journaliste et ancien président du syndicat des journalistes égyptiens.
Dans cet article, il y a un projet de convention en 14 points présenté par Herzl, entre le gouvernement égyptien (soumis à l'époque à la Grande Bretagne) et une société à créer.
Ce projet définit l'installation des colons juifs à Al-Arish, Ibid, p. 49-50.
172 - C'est la conclusion de Sir William Garston, Directeur au ministère des Travaux Publics anglais, dans son compte rendu du 05 mai 1903, in « Israel et les eaux du Nil », o.c. p. 42.
173 - Jamal Ad-Din Al-Afghani (penseur musulman : 1838-1897) et le Sultan Abdul-Hamid II sont opposés aux cessions de terres égyptiennes aux juifs, voir : The attitude of the ottoman empire, o.c. p.273.

rish, il ne fait pas de doute que mêmes les Chypriotes seraient éblouis par l'or qui pleuvra sur la région. Les chrétiens (palestiniens) pourraient alors partir en Grèce et en Crète et les musulmans (palestiniens) en Turquie, ils vivront heureux, en nous vendant à très bas prix leurs terres »[174].

Remarquer le caractère raciste des idées de transfert de populations autochtones chères aux sionistes !

b - Le projet « Ouganda » remplace le projet avorté d'« Al-Arish »

Chamberlain propose à Herzl l'installation des juifs en Ouganda[175].

Le projet «Ouganda» crée un grand choc chez les sionistes, lors de leur sixième congrès (1903). Des congressistes restent décidés à n'étudier que des projets concernant la Palestine.
Mais, la Direction sioniste trouve bon d'étudier la proposition anglaise, car le seul fait de négocier le projet avec les Britanniques, assure une sorte de reconnaissance du sionisme par une grande puissance[176].

Lors du 7ème congrès sioniste (1905), le projet « Ouganda » est définitivement abandonné. Mais, les défenseurs du projet «Ouganda» créent un courant dans le sionisme. Il s'agit de la « Jewish Territorial Organi-

---

174 - « Israel et les eaux du Nil », o.c. p. 40.
175 - Le ministre anglais dit : « Le climat à l'intérieur de l'Ouganda est bon même pour les Européens. Vous pouvez planter le coton et le sucre, mais naturellement vous voulez aller en Palestine ou près de la Palestine ».
Herzl répond : «Il faut que notre base soit la Palestine, et après on peut aller s'installer en Ouganda, car il y a des juifs qui veulent émigrer», voir : Chamberlain propose le projet Ouganda à Theodor-Herzl (23/04/1903), Wathaïq Filastin, o.c. p. 39-40.
176 - L'organisation sioniste mondiale, o.c. p. 53.

zation », sous le leadership d'Israël Zingwill[177].

c - Le projet « Palestine »

Herzl est obligé de tenir compte des rapports parfois tendus entre les puissances européennes et joue, lui aussi, son propre jeu. Il pense que l'alliance franco-russe contre les Ottomans est un danger pour la Grande-Bretagne.
Herzl propose, pour maintenir un certain équilibre international, de consolider l'état des finances ottomanes, en créant une « Banque coloniale juive » avec 2 millions de livres sterling qui accorderait un crédit aux Ottomans, qui sera garanti par des terres cédées par l'Etat ottoman aux colons juifs[178].
Herzl pense que sa proposition va dans le sens de la création d'un « Etat juif » autonome en Palestine, sous l'autorité du Sultan, avec le soutien discret d'un grand Empire, sous-entendu, la Grande-Bretagne !

Les Britanniques sont intéressés, comme les sionistes, par l'implantation de juifs en Palestine.

Le «Congrès Campbell Banrman» (du nom du Premier ministre britannique) se tient à Londres en 1905 et se poursuit jusqu'en 1907.
Organisé par le parti conservateur, il réunit historiens, sociologues, agronomes, géographes, économistes et

---

177 - Ce courant du sionisme envisageait la création d'un État juif, en dehors de la Palestine. Zingwill est un théoricien du sionisme.
178 - Lettre de Herzl à Hirsh (29 nov. 1897), Wathaïq Filastin, o.c. p. 24.
Lettre de Herzl à Nordau à propos de la création de la banque pour l'achat de terres en Palestine (11 déc.1897), Wathaïq Filastin, o.c. p. 24-26.
Lettre de Herzl à Salisbury (déc. 1896) dans laquelle il pense à la création d'un chemin de fer pour doubler la route des Indes.
La Grande-Bretagne disposerait ainsi d'une deuxième route au sud de l'Inde, en cas de problème sur le Canal de Suez, Wathaïq Filastin, o.c. p. 21.

spécialistes du pétrole qui représentent les puissances coloniales de l'époque.

Pour réaliser le rêve du colonialisme européen, le Congrès recommande l'installation d'un «mur humain» étranger et fort entre les Européens et le vieux monde peuplé d'étrangers, proche du Canal de Suez, un mur humain, ennemi des peuples locaux et ami des Européens et défendant leurs intérêts[179]».

Dans le rapport du « Congrès Campbell Banrman » on peut lire :

« La Méditerranée est une mer nourricière, et gardienne des intérêts des Etats coloniaux actuels, et à venir ».

« Et tout projet de sauvegarde des intérêts européens passe impérativement par la domination sur cette mer et sur ces côtes méridionales et orientales ».

« De Rabat à Gaza et sur toute la longueur des rives de l'Océan indien et de la Mer arabique jusqu'au Golfe de Bassora, vit un seul peuple qui tire de l'unité de sa loi, de son histoire, de sa langue, toutes les raisons de la solidarité ».

«En outre, l'aspiration à la liberté qui anime ces populations, l'existence d'immenses richesses naturelles et la forte croissance démographique sont autant de facteurs d'union et de puissance».

« Qu'adviendrait-il, si les Arabes venaient à exploiter leurs richesses eux-mêmes et à s'unir ?, ce serait inévitablement, un coup fatal pour les deux empires coloniaux, ils s'effondreraient comme leurs prédécesseurs grec et romain ».

« L'union de la population de cette région autour d'une idéologie, et pour un objectif commun, recèle un péril certain pour les deux empires ».

Enfin le rapport du «Congrès Campbell Banrman» recommande de : « Maintenir le morcellement de cette

---

[179] - Wathaïq Filastin, o.c. p. 81-82.

région et son arriération, et utiliser les méthodes les plus subtiles pour séparer les parties les unes des autres ». « Établir impérativement un « hiatus » humain puissant et étranger sur la bande terrestre qui relie la partie arabe de l'Asie à la partie de l'Afrique et les relie, toutes les deux à la Méditerranée, et, implanter de cette manière une force amie, et hostile aux habitants de la région».

Dix ans après le Congrès Campbell Banrman, lorsque la Déclaration Balfour est discutée au Conseil des ministres britannique, Churchill, alors ministre de la Marine, déclare, en soutenant la Déclaration : « Il faut absolument séparer l'Egypte de la Syrie par un obstacle humain hostile, pour barrer leur union »[180].

5 - Les contacts avec la Russie, l'Italie et le Vatican

Herzl entreprend des rencontres, avec des responsables russes, en août 1903, et le roi d'Italie en janvier 1904. Il rencontre également le pape Pie X en janvier 1904.
Herzl contacte du même coup les Autorités autrichiennes et des banquiers de divers pays.

La Russie, qui voit les juifs quitter son territoire, n'oublie pas ses intérêts en Palestine (protection des chrétiens orthodoxes de l'Empire ottoman).

L'« Association russo-palestinienne » est créée en Palestine, le 21 mai 1882. Financée par le gouvernement russe (sous Alexandre III), elle a pour but la défense des idées russes dans la région.

Toujours à propos de la Russie, Herzl dit que l'ambassadeur russe, à Istanbul, a reçu du ministre Von Blifi,

---

[180] - Revue « Novembre », num. 1, Paris, nov.-déc. 1987.

en août 1903, des instructions pour entrer en contact avec les Autorités ottomanes à propos des demandes sionistes[181].

D'autre part, après avoir communiqué à un ministre italien le nom des pays qui soutiennent le mouvement sioniste (Allemagne, Grande Bretagne, Autriche, Russie), Theodor Herzl expose (à ce ministre) le plan du mouvement, qui consiste à installer le peuple juif en Palestine, sous l'autorité du Sultan, avec une autonomie et une protection juridique des colonies.
Theodor Herzl demande au roi d'Italie, par le truchement du ministre italien, d'intervenir auprès du Sultan pour appuyer son projet[182].

Quant au pape Pie X, il reçoit Herzl le 25 janvier 1904. Le dénouement de la rencontre est négatif. Herzl demande au pape le soutien au sionisme, et celui-ci lui répond que si les juifs venaient s'établir en Palestine, « nous serons prêts avec nos églises et nos prêtres à vous baptiser »[183].

6 - A la recherche d'une colonie pour les juifs

Le choix d'une colonie pour les juifs crée des conflits au sein du mouvement sioniste, entre les religieux qui revendiquent la Palestine, et les autres qui sont réalis-

---

181 - Voir : Filastin ath-Thawra, revue hebdomadaire arabe, num. 943 du 27 juin 1993.
Par ailleurs, Theodor Herzl propose aux Autorités ottomanes l'établissement de juifs dans la région de 'Akka (St Jean d'Acre) en contrepartie de 100.000 livres turques par an.
Voir : Mémoire de Herzl au ministre italien des Affaires étrangères à propos des demandes du mouvement sioniste (24/02/1904), Wathaïq Filastin, o.c.p. 41-42.
182 - Ibid.
183 - Note de lecture : Politique du St-Siège vis à vis du sionisme, Rev. d'études palestiniennes, Paris, num. 44, 1992, p. 130-132, selon : Sergio I. Minerbi , The Vatican au Zionism : Conflit in the Holy Land, 1895-1925, New-York, Oxford University Press, 1990, XIV + 253 p.

tes et qui cherchent à obtenir «quelque chose quelque part».
A l'époque, au siècle du colonialisme européen triomphant, Herzl se met sur les rangs pour occuper un territoire qui peut être situé, à Chypre, en Argentine ou en Ouganda, au nom d'une «Société privée juive», du type entreprise de droit commun[184].

Mais dans le cas du «Projet Palestine», que faire de la population palestinienne ?
Si les sionistes ignorent, dans leur projet, l'existence des Palestiniens, la résistance de ceux-ci qui nait avec les premières colonies juives, les ramène à la réalité.

Les vrais desseins sionistes se découvrent.
Après avoir écrit en 1901 :
« La Palestine est une terre sans peuple ; les juifs sont un peuple sans terre ; la régénération du sol conduira à la régénération du peuple », Zangwill[185] pense que la population palestinienne n'est nullement un obstacle moral mais une impossibilité pratique.
Zangwill changera d'opinion plus tard, et il parlera de la nécessité d'un exode de cette population « à l'amiable »[186].
«Nous devons être prêts, dit-il, soit à repousser par le glaive, les tribus qui détiennent la terre, comme nos ancêtres l'ont fait, soit à faire face au problème d'une grosse population étrangère, pour la plupart mahomé

---

184 - Plus tard, en 1938, les Britanniques, qui occupent alors la Palestine, cherchent à implanter des juifs dans l'île de Socotra près du Golfe d'Aden (Yémen), alors occupée, par ces mêmes Britanniques, voir : La politique britannique dans la colonie d'Aden, et ses protectorats : 1937-1945, thèse pour un Magister publiée par la revue du « Centre de Recherches et d'Etudes du Yémen », (Université d'Aden), d'après le quotidien arabe (Al-Quds Al-Arabi), Londres, 11 janv. 2001.
185 - Israel Zangwill (1864-1926), écrivain britannique, journaliste et théoricien du sionisme.
186 - Laurens Henry, « Genèse de la Palestine mandataire », Maghreb-Machreq, num. 140, avril-juin, p. 3-34, p. 4-6.

tane, et habituée, depuis des siècles, à nous mépriser»[187].

Après l'échec du projet Ouganda en 1905, le choix de la Palestine, comme colonie, pose la question de ses limites territoriales.
La réponse à cette question se trouve dans le Talmud et chez les Autorités rabbiniques post-talmudiques :

Selon l'école minimaliste :
+ la limite sud de la « Terre d'Israel » : Wadi al-Arish (au milieu du Sinaï égyptien) ;
+ la frontière à l'est : le Jourdain, et, après sa source, une ligne qui monte vers le nord jusqu'à une certaine latitude, mais, très au nord de la frontière israélienne actuelle. Parfois le tracé s'élève au nord jusqu'au golfe d'Alexandrette (Turquie), parfois il se termine quelque part au Liban ;
+ la frontière ouest est la mer.

Selon l'école maximaliste :
+ la frontière sud est parfois l'un des bras du Nil ;
+ la frontière orientale se trouve à l'intérieur de l'Arabie Saoudite ;
+ la frontière nord-est mord sur l'Iraq ;
+ la frontière nord s'avance très loin en Turquie[188].

Par ailleurs, à propos de l'« Etat juif », imaginé par les sionistes, Najib 'Azuri[189] dit, au début du 20ème siècle, que les frontières naturelles de cet Etat sont, pour les

---

187 - Conférence de Manchester (avril1905).
Voir : Le transfert des Palestiniens, une obsession centenaire, Ilan Halévi, Revue d'Etudes Palestiniennes, Paris, nouvelle série, n° 14, 1998, p. 15-41.
188 - « L'idée du transfert dans la doctrine sioniste », Israel Shahak (Président de la Ligue israélienne des droits de l'homme), Revue d'Etudes Palestiniennes, Paris, num 29, automne 1988, p. 103-131, p. 109-110.
189 - Le penseur arabe Najib 'Azuri éveille l'attention sur les dangers du projet sioniste.

sionistes, Jabal ach-Chaykh, qui inclut le fleuve Jourdain et Wadi Baridi (Liban) dans le nord, avec les terres comprises, entre Rachiyya et Saïda, comme des avancées, le canal de Suez, le Sinaï au sud, la Presqu'île arabique à l'est, la Méditerranée à l'ouest[190].

Aujourd'hui encore, un député sioniste, Arié Addas, réclame, pour l'Etat sioniste, des frontières allant de l'Euphrate au Nil en passant par la Jordanie jusqu'à la Méditerranée[191].

En conclusion, les rencontres de Herzl avec les Autorités ottomanes, d'une part et des responsables européens d'autre part, ne donnent aucun résultat, mais ses efforts ont servi à poser la « Question juive », et, le fait de discuter avec des responsables politiques au plus haut niveau, a donné une légitimation à l' «Organisation Mondiale Sioniste» (OMS).
L'intense activité de Herzl a permis également la création d'institutions juives importantes.

Après le décès de Theodor Herzl, pour contrecarrer la lutte pour le pouvoir, trois dirigeants sont choisis pour gérer l'Organisation Mondiale Sioniste : Max Nordau, David Wollfsohn (sionistes politiques) et Otto Warburg (sioniste pratique)[192].

Donc, les sionistes politiques gardent la majorité dans les institutions de l'Organisation[193]. Mais au dixième congrès (1911), les sionistes pratiques (avec le président Otto Warburg) sont victorieux.

---

190 - « Dawr assahafa al-'arabiyya fi muqawamat as-sahyouniyya (1897-1914) (Le rôle de la presse arabe dans la résistance contre le sionisme), Docteur Ismaïl Ahmad Yaghi, Revue d'Histoire maghrébine, Tunis, num. 57-58, juillet 1990, pp. 523-561, p. 541.
191 - Agence « Quds Press », 17 sept. 2003.
192 - Le sionisme pratique, (contrairement au sionisme politique), cherche à accélérer l'immigration juive sans attendre une garantie juridique internationale.
193 - L'Organisation sioniste mondiale, o.c. p. 68.

Même direction et même présidence, au onzième congrès (1913). Les sionistes politiques n'auront aucun rôle dans la fabrication des événements[194].

La Grande guerre (1914) mettra en veilleuse les institutions sionistes.

Fin du Chapitre_10

---

[194] - Ibid, p. 69.

Réactions arabes contre le sionisme.
La question du sionisme est posée au parlement ottoman par un député palestinien

Chapitre_11 : Réaction contre le sionisme avant la Révolution des « Jeunes-Turcs » de 1908

1 - La conscience nationale arabe et les premières réactions contre le danger sioniste.
2 - Fin du 19ème siècle, un député palestinien pose la question sioniste.

&&&

1 - La conscience nationale arabe

Au milieu du 19ème siècle, avant la naissance du sionisme politique et le début de l'émigration des juifs en Palestine, les Arabes de l'Empire ottoman s'organisent et revendiquent l'autonomie des provinces arabes.

On situe le début de ce réveil dans «Bilad ach-Cham» (La Grande Syrie) qui comprend la Syrie actuelle, la Palestine, la Jordanie et le Liban.

Le réveil est né dans un monde en évolution aussi bien dans le domaine religieux que culturel et social.
Et c'est dans ce climat que naissent les premières organisations clandestines.
« Al-Jam'iyya assariyya » (l'Organisation secrète) est créée en 1875 par cinq jeunes de Beyrouth. Elle a des branches à Damas, Tripoli et Saïda.
Un des fondateurs de l'Organisation, Farés Namr Bacha, participe aussi à la fondation de la revue scientifique mensuelle 'Al-Muqtataf' et du quotidien 'Al-Muqattam'.
Ces deux périodiques, publiés au Caire, prennent part à la lutte contre le sionisme[195].

---

195 - Yaqdhat Al-'Arab (Le réveil arabe), Georges Antonius, Beyrouth, 1987, 653 p., p. 149-150 et 152. C'est la traduction de l'anglais de : The Arab Awakening, Lippincott, Philadelphie, USA, 1939.

Par ailleurs, Rachid Ridha (1865-1935) luttera jusqu'à sa mort contre le sionisme à travers son journal « Al-Manar »[196].

A l'inverse de la propagande sioniste, la conscience du danger sioniste se développe, rapidement, aussi bien en Palestine que dans le monde arabe.
Le danger sioniste fait partie du danger occidental, qui a déjà occupé des provinces arabes de l'Empire ottoman (Algérie, Egypte, Tunisie, etc.).

Avant la Révolution des « Jeunes-Turcs » de 1908, la presse n'était pas libre dans l'Empire ottoman, et les Arabes qui s'élevaient contre le danger sioniste, le faisaient hors de l'Empire.

A partir du Caire (alors sous occupation britannique), Muhammad Rachid Ridha alerte (avril 1998) les Arabes sur les dangers sionistes, et le journal « Al-Muqtataf » (01-04-1898) dénonce le but des sionistes qui se dissimulent derrière la colonisation juive en Palestine[197].
Des fonctionnaires arabes de l'Administration ottomane résistent, à la fois, à l'Administration et au sionisme[198].
De son exil parisien, Najib 'Azuri (mort en 1916) revendique un « Etat arabe », indépendant de l'Etat ottoman.

---

196 - Muhammad Rashid Rida (1865-1935) est influencé par les idées des réformateurs Muhammad 'Abduh et Al-Afghani.
En 1897 il quitte la Syrie pour le Caire.
197 - « Al-Muwajaha al-iqtisadiyya ma'a as-sahyouniyya : at-tamasuk bi malkiyat al-ard 1882-1948) » (L'affrontement avec le sionisme sur le plan économique : l'attachement à la propriété de la terre), Khayriyya Qasmiyya, Dirasat Ta'rikhiyya, num. 35-36, Damas, 1990, p. 59-110, p.72.
198 - The attitude of the ottoman empire toward the zionist movement 1897-1909, Hassan Ali **HALLAK**, Beyrouth, 1980 (en arabe), 425 p., p. 252-254.

(Voir : Annexe_6 (p.198) : Najib 'Azuri).

Lorsque Rachad Bacha remplace Ra'ouf, au poste de gouverneur du district de Jérusalem, et il affiche son amitié aux sionistes, des notables de Jérusalem protestent (mai 1890), et présentent (juin 1891) une pétition au Grand vizir ottoman, dans laquelle ils demandent d'interdire l'immigration de juifs russes en Palestine[199].

A partir de 1885, les Autorités ottomanes contrôlent l'immigration juive en Palestine. Elles n'autorisent que celle des juifs originaires des provinces ottomanes, les juifs non ottomans étant soumis, quant à eux, à une autorisation de séjour limité en Palestine.

Les Autorités françaises et britanniques interviennent régulièrement pour faire assouplir ces règles[200].

2 - A la fin du dix-neuvième siècle un député palestinien pose la « Question sioniste »

Le député palestinien, Yusuf Al-Khalidi, représentant Jérusalem au parlement ottoman, (parlement d'avant 1908), demande en mars 1899 au rabbin de Paris, Zadok Kahn, de dissuader les juifs d'émigrer en Palestine, car, dit-il, ce pays fait partie de l'Empire ottoman et ses habitants ne sont pas juifs ; il est possible pour les juifs de revenir vivre en Palestine, comme avant, mais il n'est pas envisageable d'accepter le sionisme.

---

199 - Ta'rikh Filastin Al-Hadith (Histoire nouvelle de la Palestine), Abd-al-Wahab Al-Kayyali, Beyrouth, 1985 (9-ème édition), 408 p., p. 42.
Traduction française : Histoire de la Palestine (1896-1940), Paris, L'Harmattan, 1985, 267 pages (traduit de l'anglais par Anne-Marie Abouelaazem).
200 - Le Sultan Abdul-Hamid II signe, pendant la période (1890-1891), trois « firmans » (décrets) sur l'immigration des juifs en Palestine. Voir : Chapitre_6.

L'immigration juive en Palestine, entraînerait l'expulsion des Palestiniens de chez eux.
Les immigrés juifs qui arriveront en Palestine seront, nécessairement, amenés à lutter contre une population qui leur est hostile, conclut Yusuf Al-Khalidi[201].

Le rabbin ne répond pas au député palestinien mais il transmet sa lettre au leader sioniste Herzl, qui répond au député (19 mars 1899).
L'immigration juive sera une source de richesse pour l'Empire, dit Herzl, et personne ne touchera aux Lieux Saints, étant donné que ceux-ci appartiennent à tout le monde.
Qui pense expulser les Palestiniens de chez eux ?
Enfin, l'Empire perdra un atout important en refusant l'immigration juive, conclut Herzl[202].

Les sionistes tentent de minimiser le mouvement hostile qui leur est défavorable et qui s'amplifie de plus en plus[203].

Les Autorités ottomanes sont apeurées par les attitudes des Palestiniens et des Arabes contre le sionisme, face au danger d'occupation de la Palestine.
Parmi ces positions contre le sionisme notons celle de Najib 'Azuri décrite dans « Bilad al-Arab lil-Arab » (La Terre arabe aux Arabes).
Ce livre est diffusé en très grand nombre en Palestine.

Les écrits de 'Azuri sont considérés comme la premiè-

---

201 - Yusuf Daya' Al-Khalidi est plusieurs fois maire d'Al-Quds (Jérusalem) et son envergure politique et culturelle dépasse le territoire palestinien pour s'étendre à l'ensemble de l'Empire ottoman.
Voir : Ta'rikh Filastin fi awakhir al-'ahd al-'uthmani, 1700-1918 : qira'ah jadidah (Histoire de la Palestine pendant la fin de règne des Ottomans : lecture nouvelle), 'Adil Manna', 358 p., Beyrouth (Mu'assassat ad-dirasat al-filastiniyya), 1999, p. 199-200.
202 - The attitude of the ottoman empire, o.c. p. 247-248 et p. 381-382 (Lettre de Herzl à Yusuf Al-Khalidi).
203 - The attitude of the ottoman empire, o.c. p. 254-255.

re expression politique de l'opposition au pouvoir ottoman.

Le pouvoir ottoman procède à des arrestations à Yâfâ (Jaffa) et ailleurs, mais se trouve obligé, sous la pression arabe de nommer, en 1906, un nouveau gouverneur pour Al-Quds (Jérusalem), à la place de Rachid Bek qui était favorable à l'immigration juive en Palestine, violant ainsi les lois ottomanes, qui étaient sensées mettre un frein à cette immigration[204].
En effet c'était une période où l'immigration juive battait son plein.

A partir de 1904-1905, une deuxième vague de colons juifs arrive en Palestine[205]. Ils sont originaires principalement de Lituanie, de Russie et de Roumanie.
Cette vague va créer le mouvement des «kibouts», ou «Colonies sionistes collectives».
(Voir : Annexe_7 (p.199) : Questions d'émigration et de population).

Fin du Chapitre_11

---

[204] - « Dawr assahafa al-'arabiyya fi muqawamat as-sahyouniyya (1897-1914) (Le rôle de la presse arabe dans la résistance contre le sionisme), Docteur Ismaïl Ahmad Yaghi, Revue d'Histoire maghrébine, Tunis, num. 57-58, juil. 1990, p. 523-561, p. 541-42.
[205] - La première vague de colons commence à arriver en Palestine à partir de 1882.

La Révolution des « Jeunes-Turcs » (1908)

Chapitre_12 : La révolution des «Jeunes-Turcs» de 1908. Le sionisme et la chute du Sultan Abdul-Hamid

1 - La Révolution des «Jeunes-Turcs», 24 juillet 1908
2 - Les « Jeunes-Turcs » et le sionisme
3 - Relations entre les «Jeunes-Turcs» et les sionistes
4 - Déçus par les «Jeunes-Turcs» les Palestiniens s'organisent (1909-1914)

&&&

1 - La Révolution du 24 juillet 1908

Les « Jeunes-Turcs » sont une organisation secrète, fondée à Salonique en Grèce (ottomane à l'époque). A l'origine composée de Turcs, l'organisation s'ouvre aux juifs et aux Arabes.
Les «Jeunes-Turcs» se soulèvent contre le pouvoir du Sultan Abdul-Hamid II en 1908.
Le nouveau pouvoir est conduit par le parti constitué par les «Jeunes-Turcs», soit l'« Ittihad wa Attaraqi » (Union et Progrès), qui gouvernera jusqu'à la fin de la guerre (1914-1918), au nom du nouveau Sultan, Muhammad V, frère du sultan déposé.

Dans le nouveau parlement ottoman élu en décembre 1908, les Arabes occupent 60 sièges sur 245.
Trois Arabes seulement sont désignés par le Sultan au Conseil des notables qui compte quarante membres.

Cette sous-représentation secoue la confiance des nationalistes arabes affiliés à l'« Union et Progrès »[206].

---

206 - Les Arabes de l'Empire ottoman comptaient à ce moment-là 10,5 millions de personnes (sans l'Egypte), les Turcs, 7,5 millions et les autres nationalités, 4 millions.
Voir : Yaqdhat Al-'Arab (Le Réveil arabe), Georges Antonius, Beyrouth, 1987, 653 p., p. 179. C'est la traduction de l'ouvrage : The Arab Awakening, Lippincott, Philadelphie, USA, 1939.

Le nouveau gouvernement pratique une politique à laquelle ne s'attendent pas les nationalités non turques de l'Empire : supériorité de l'élément turc, poursuite de la politique de centralisation.
On reproche à l'«Union et Progrès» de militer pour une nation turque, dont les origines remontent aux « Turans ».

L'orientation Tauranienne (de «Turan», nom donné anciennement par les Arabes au Balujistan) développe la politique de «turquisation», en faisant revivre la lignée des ancêtres turcs.
Cette orientation supprime les marques de la langue et de la personnalité arabes, et tente de dépouiller la pensée turque des influences arabes et perses.
Dans le cadre de leur politique de «turquisation» de la culture, les « Jeunes-Turcs » imposent, pour la première fois, la langue turque dans les écoles et les tribunaux des provinces arabes.

Selon l'historien palestinien Abd-al-Wahab al-Kayyali, après la Révolution des « Jeunes-Turcs », l'« Union et Progrès » devient premièrement turc et deuxièmement juif[207].

---

207 Abd-al-Wahab al-Kayyali, historien palestinien, assassiné par les sionistes en 1981 à Beyrouth à l'âge de 42 ans.
Son «Histoire nouvelle de la Palestine : 1896-1940» est son oeuvre la mieux connue du public.
L'auteur appuie son récit sur des archives diplomatiques du Foreign Office, des documents privés conservés à la Bibliothèque du Moyen Orient (fondée par Albert Hourani et Roger Owen) du St Anthony's College d'Oxford, ainsi que des archives de la Haganah (organisation paramilitaire sioniste créée en 1920).
Selon l'auteur, la politique des «Jeunes-Turcs» entraine les conséquences suivantes : aux élections du parlement, il y a 60 députés arabes contre 150 turcs, alors qu'il y a dans l'empire 3 arabes pour 2 turcs, Voir : Ta'rikh Filastin Al-Hadith (Histoire nouvelle de la Palestine), Abd-al-Wahab Al-Kayyali, Beyrouth, 1985 (9 ème édition), 408 p., p. 45. Ttraduction française: Histoire de la Palestine 1896-1940, Paris, 1985, 267 p. (traduit de l'anglais par Anne-Marie Abouelaazem).

L'espion anglais Lawrence d'Arabie témoigne, de son côté, de l'arrivée des « Jeunes-Turcs » au pouvoir. Il déclare :

«Les Turcs terrifiés devant les forces ainsi libérées reculèrent aussi promptement qu'ils s'étaient avancés. Leur cri devint «Yeni Turan» (Aux Turcs la Turquie). Les Assemblées arabes sont dispersées ; la langue et les manifestations arabes sont interdites (par Enver Pacha) avec une brutalité jamais atteinte sous le Sultan Abdul-HamidII»[208].

Cependant, on attribue à tort l'origine juive des Hauts dirigeants turcs. Comme l'Organisation des « Jeunes-Turcs » se développe sous le couvert de la franc-maçonnerie locale à Salonique et comme cette ville est à majorité juive, l'étiquette « judéo-maçonnique » est collée à l'Organisation par ses adversaires[209].

Raschid I. Khalidi déclare, à propos de la période qui suit la Révolution de 1908, qu'il y a relation entre les tendances nationalistes arabes, l'opposition à la politique de centralisation et de turquisation du gouvernement central, et l'antisionisme[210].

Quant à Hassan Kayyali, il pense que le principal aspect de la politique des « Jeunes-Turcs » n'est pas la lutte entre centralisation et décentralisation, mais le clivage entre turcophones et arabophones[211].

---

208 - T.L. Lawrence, Les Sept Piliers de la Sagesse, Paris, 1958, p. 58-59.
209 - Voir : Chapitre_2, paragraphe 2.
210 - Raschid I. Khalidi : British Policy Towards Syria and Palestine, 1906-1914, Londres (Ithaca Press), 1980, 380 p. In : Note de lecture : Marwan R. Buheiry, Revue d'Etudes Palestiniennes, Paris, num.1, automne 1981, p. 148-150.
211 - Note de lecture : Hassan Kayyali, «Al-'Arab wa harakat Turqiyya al-Fatat : al-Uthmaniyya wal-Uruba wal-islam fil-imbiriaturiyya al-uthmaniyya 1908-1918 («Arabes et Jeunes-Turcs»), Majalat

On peut dire, cependant, que le parti des « Jeunes-Turcs » est certes chauvin mais pas anti-arabe.

Quant à la politique des « Jeunes-Turcs », vis-à-vis de l'immigration juive en Palestine, elle ne change pas par rapport à celle du Sultan déposé.
Lorsque David Wollfsohn, président de l'Organisation mondiale sioniste se rend à Istanbul en août 1909, les dirigeants ottomans lui font savoir que les juifs peuvent immigrer partout dans l'Empire sauf en Palestine et que le gouvernement ne remettra pas en cause les lois sur l'interdiction de l'immigration juive en Palestine, établies depuis 25 ans[212].
C'est ainsi que les Autorités investissent cinq millions de lires turques pour l'accueil de juifs en Macédoine, dont 20.000 viennent de Roumanie[213].

Mais des attitudes gouvernementales sont ressenties par la population palestinienne comme un alignement du côté des sionistes.
Par exemple, après 1908, les Autorités autorisent des missions juives britanniques pour des fouilles archéologiques sous la mosquée Al-Aqsa[214].

2 - Les « Jeunes-Turcs » et le sionisme

Le Sultan Abdul-Hamid II a toujours refusé de répon-

---

ad-Dirasat al-Filastinyya (en arabe), Beyrouth, num. 36, automne 1998, p. 164-166, selon l'ouvrage : Hasan Kayali, Arabs and Young Turks : Ottomanism, Arabism and Islamism in the Ottoman Empire, 1908-1918, Berkeley (Universiy of California Press), 1997, 291 p.
212 - Selon un commentaire sur le livre de Bifn Izst : La Palestine, les juifs iraquiens et la Révolution du Chérif, par 'Ala'-ad-Din adh-Dhahir, iraquien résidant en Hollande, commentaire paru dans « Al-Quds al-'Arabi » (quotidien arabe édité à Londres) des 2 et 3 mai 2002.
213 - Attitude ottomane, o.c. p. 341.
214 - La population réagit lorsque les travaux commencent. Ils seront alors interrompus par les Autorités. Cette affaire est développée par la revue palestinienne «Al-Karmil», Attitude ottomane, o.c. p. 264-265.

dre aux propositions sionistes d'« acheter » la Palestine, malgré les difficultés financières de l'Empire.

Après la Révolution de 1908 le Sultan a préféré renoncer au Califat plutôt que de signer une charte permettant aux sionistes de s'installer en Palestine.
Il envoie de son exil, à Salonique, un écrit au Cheikh Mahmud Abu-ach-Chamat, son maître à l'Ecole Chadiliyya.
Dans cet écrit, le Sultan déclare qu'il n'avait renoncé au Califat, que parce que les « Jeunes-Turcs » le pressaient d'appuyer la création d'un « foyer national pour les juifs » en Palestine[215].

Les juifs ottomans de Salonique, notamment, les Dounamas, qui ont participé à la Révolution, saluent avec joie la chute du Sultan.
Et le journal juif l'« Aurore » du 27 déc. 1909, est content de la mise à l'écart de « l'ennemi d'Israël »[216].
Les sionistes font un bon accueil au nouveau régime.

Le mouvement sioniste à Yâfâ (Jaffa) envoie un message de félicitations au nouveau gouverneur, ouvre un bureau d'achat de terres, et annonce la construction de quartiers juifs près de la ville.

Les sionistes revendiquent, également une représentation au parlement afin de défendre leur cause en Pa

---

[215] - Les « Jeunes-Turcs » auraient proposé au Sultan une somme de 150 millions de lires turques-or qu'il refusa. Le document cité se trouve en possession de la famille Abu ach-Chamat de Damas.
Voir : Docteur Khayriyya Qasmiyya, « Al-Muqâwama al-'arabiyya lisahyuniy-ya awakhir al-'ahd al-'uthmani 1908-1917 -- al-ittijahat arraïsi-yya », (« La résistance arabe au sionisme »), Revue d'Histoire Maghrébine, Tunis, num. 29-30, 1983, p. 373-394, p. 374.
[216] - « La résistance arabe au sionisme », o.c. p. 378. Les Dounamas sont des juifs disciples de Shabtaï Zîfi, juif de Smyrne. Celui-ci prétend en 1666 être le Messie attendu, puis il embrasse l'islam. La secte Ash-Shabatiyya reste parmi les juifs de Salonique. Extérieurement ils se disent musulmans, cependant on pense qu'ils pratiquent le judaïsme en secret.

lestine[217].

Le Gouverneur de la Palestine est mis à l'écart par le nouveau gouvernement car, il continuait d'appliquer les lois interdisant l'immigration.
Des juifs écroués pour immigration prohibée, sont relâchés[218].

En 1912, les Palestiniens mènent campagne contre les Autorités locales d'Al-Quds (Jérusalem) et les Autorités centrales. Ils perdent leur confiance dans le gouvernement, suite à l'arrivée du nouveau gouverneur, Mahdi Bek à Al-Quds (Jérusalem). Celui-ci manifeste son rapprochement avec les sionistes.
Il visite des colonies, et rend visite à des associations sionistes qu'il assure des égards du gouvernement.
Le nouveau gouverneur promet aux sionistes de relier par téléphone leurs colonies aux services publics, afin de les assister en cas de nécessité[219].

La revue «Filastin» (Palestine) s'en prend au gouverneur ottoman, qui n'applique pas la loi contre l'immigration juive[220].

En 1908, un ami juif des « Jeunes-Turcs » est nommé Grand rabbin d'Istanbul par le nouveau gouvernement ottoman. Il représentera l'ensemble des juifs de l'Empire. Il s'agit du rabbin Haïm Na'oum déjà cité.

Pendant son séjour à Paris où il termine ses études à l'«Alliance juive française» en 1897 le rabbin fréquen-

---

217 - Le mouvement sioniste n'aura pas de représentant au parlement ottoman, Voir : « Dawr assahafa al-'arabiyya fi muqawamat as-sahyouniyya (1897-1914) (Le rôle de la presse arabe dans la résistance contre le sionisme (1897-1914), Dr Ismaïl Ahmad Yaghi, Revue d'Histoire maghrébine, Tunis, num. 57-58, juil. 1990, pp. 523-561, p. 544.
218 - Attitude ottomane, o.c. p. 340-341.
219 - « Dawr as-sahafa al-'arabiyya », Ismaïl Ahmad, o.c. p. 551.
220 - « Filastin », num. 185, 2/11/1912, Ibid, p. 552.

te les milieux « Jeunes-Turcs ». A Istanbul, il est professeur dans une école militaire d'où sortent des officiers, dont certains sont liés à ces milieux.

Haïm Na'oum, le nouveau Grand rabbin d'Istanbul, dit dans une lettre adressée, le 8 septembre 1908, à Biguar son correspondant à l'«Alliance juive française» :

«J'ai rencontré le général Birtif Bacha, le conseiller du ministre de la Guerre, que je connaissais depuis longtemps. Le général, ami de l'«Alliance» me dit qu'on étudie l'intégration des non musulmans dans l'armée».

Dans une autre lettre, datée du 2 déc. 1908, le Grand rabbin déclare :
« Lors de ma rencontre avec le chef du Gouvernement ottoman et du ministre de l'Intérieur, j'ai demandé un représentant des juifs à l'Assemblée des Notables, et un poste ministériel.
Le ministre m'a promis de nommer « Fradji Effendi », ministre du commerce »[221].

De leur côté les agents de l'Organisation mondiale sioniste s'activent sur la scène politique ottomane :
Jakobson dirige la propagande et Jabo Tanesky administre le journal édité par les sionistes.

Le 10ème congrès sioniste de Bâle (1911) sous la présidence de Max Nordau, est une occasion pour annoncer les nouvelles formes de propagande sioniste[222].

---

[221] - Fradji Effendi sera élu député d'Istanbul au parlement ottoman (lettre du 21 décembre 1908). Voir : Un grand rabbin Sépharade en politique 1892-1923. Textes présentés par Esther Benbassa. Préface d'Annie Kriegel, Presses du CNRS, 1990.
Note de lecture de ce livre dans Al-Yom Assabi' (hebdomadaire arabe édité en France), 14 et 28 mai 1990. Il s'agit de la vie du rabbin Haïm Na'oum et d'une partie de sa correspondance avec l'« Alliance juive française ».
[222] - Jewish Cronicle du 18/8/1911, selon « La résistance arabe au sionisme », o.c. p.377.

3 - Relations entre les « Jeunes-Turcs » et les sionistes

Tous ceux qui visitent Istanbul à cette époque remarquent ces relations[223].

L'ambassadeur britannique envoie à son ministre trois articles parus dans « Turqiyya al Fatat », journal officiel des « Jeunes-Turcs ».
Ces articles sont des copies de ceux du journal « Fray Press », qui paraît à Vienne et qui est financé par des juifs[224].
L'ambassadeur britannique annonce, qu'il y a dans les structures internes des « Jeunes-Turcs », une alliance avec les juifs. Les «Jeunes-Turcs» et les juifs agissent, en couple, ajoute l'ambassadeur, les premiers, tiennent l'armée et les seconds la finance et leur influence sur la presse en Europe.

Et selon des écrits sionistes, depuis la Révolution des « Jeunes-Turcs », le monde juif vise l'Iraq comme une terre propice à sa colonisation, et à l'installation d'un Etat juif autonome.

---

223 - Rafiq Al-Azm dans un article d'Al-Muqattam du 12/08/1909. Pour les relations entre les « Jeunes-Turcs » et les sionistes, voir : Lewis, B., The Emergence of Modern Turkey, p. 211-212. Voir lettre (27/12/1909) de Marling, chargé d'Affaires britanniques à Istanbul et lettre (25/5/1910) de l'ambassadeur britannique à Istanbul Lawther à Gray, ministre des Affaires étrangères. Lettre à Gray (29/05/1910) sur les moyens sionistes utilisés pour la domination économique de l'Etat ottoman, voir : La résistance arabe au sionisme, o.c. p. 377.
224 - Muthakkirat as-safir al-britani fi Turqiyya ila wizarat kharijiyyatihi 'an 'alaqat al-yahud bi harb Achichan (août 1910) (Mémoire de l'ambassadeur britannique à son ministre des Affaires étrangères sur la relation des juifs avec la guerre en Tchétchénie (1910).
Selon le livre : Al-Muchkilat al-qanuniyya al-mutafarri'a 'an qadhiyyat Filastin du professeur Hamed Sultan, Wathaïq Filastin : Mi'atan wa thamanuna wathiqa mukhtara de 1839 à 1987 (Archives & Documents sur la Palestine : 280 documents choisis 1839-1987), Daïrat ath-thaqafa (OLP), 1987, 486 p., p. 42-43. Voir Documents, Paris, Institut du Monde arabe.

Toujours selon l'ambassadeur britannique, les juifs régentent les affaires intérieures de l'Etat, ils travaillent actuellement à dominer l'économie et l'industrie, et ils sont décidés à ce qu'aucun projet conséquent en Iraq ne se fasse sans eux.

Pour atteindre les postes importants de l'Etat, les juifs encouragent, dans le parti des « Jeunes-Turcs », les orientations «nationales» turques[225].
Dans sa Revue «Al-Manar», Mohammad Rachid Ridha, conscient du danger de l'infiltration des sionistes dans les rouages de l'Etat, souligne l'importance des postes occupés par ces mêmes sionistes avant et après l'arrivée des «Jeunes-Turcs» au pouvoir, avec pour le seul but, la création d'un « Etat juif » en Palestine.

En avril 1914, des personnalités palestiniennes de Jérusalem, de Jaffa et de Ghazza, avisent le « Muntada al-Adabi » (Le Cercle littéraire) d'Istanbul, sur l'influence des sionistes sur les cercles du pouvoir ottoman. Ces personnalités palestiniennes pensent que si la nécessité des réformes est urgente celle de repousser le danger sioniste l'est encore davantage[226].

Bien que leur propagande favorise le nouvel Etat ottoman[227], les sionistes persistent dans la recherche de garanties internationales pour leur cause.
A cet effet, on peut citer la lettre de Max Nordau, dirigeant de l'Organisation mondiale sioniste, au 'Times' (30-12-1912), dans laquelle il demandait l'orientation des préoccupations internationales au profit des buts

---

[225] - Ibid.
[226] – « Le rôle de la presse arabe dans la résistance contre le sionisme », o.c. p. 557-558.
[227] - Lettre de Lawther, Ambassadeur de Grande Bretagne à Istanbul, à Gray, ministre des Affaires étrangères (18/11/1911), in : Articles parus en 1912 : Zionist Work in Palestine, New-York, 1912. Ces articles sont parus en allemand en 1911 dans un numéro spécial de la revue sioniste Die Wellt. Cf « La résistance arabe au sionisme », o.c. p. 377.

sionistes :

+ Sokolov, représentant l'Organisation mondiale sioniste à Londres mobilisera l'opinion anglaise en faveur du mouvement sioniste ;
+ L'Ambassadeur des Etats-Unis, Henry Moore Ghanthu (juif), aidera les juifs de l'Empire Ottoman, en général, et ceux de Palestine en particulier ;
+ Le rabbin Bach Nahoum intervient, à maintes reprises, à Istanbul pour l'abolition des lois contre l'immigration, ainsi que la suppression de l'embargo sur l'achat des terres par des juifs ;
+ De nombreux numéros de l'« Aurore » (journal juif d'Istanbul) diffusent la nouvelle politique de l'Organisation Mondiale Sioniste[228].

Les «Jeunes-Turcs» subissent, comme les Gouvernements précédents les pressions de pays européens qui soutiennent l'immigration juive[229]. Cependant, la mobilisation des Palestiniens (entre 1909 et 1914), vis à vis de l'immigration et la création d'un «Etat juif», ne change pas totalement par rapport à celle du Sultan Abdul-Hamid II.
Car, il ne fallait pas, toucher à l'intégrité de l'Empire, et mécontenter les Arabes, qui représentent la part la plus importante de la population, devançant celle des Turcs.

4 - Déçus par les « Jeunes-Turcs », les Palestiniens s'organisent (1909-1914)[230]

---

228 - Voir : «La résistance arabe au sionisme», o.c. p. 378. Jewish Chronicle (6-12-1912) et (12-12-1913).
229 - Ta'rikh Filastin fi awakhir al-'ahd al-'uthmani, qira'ah jadidah (Histoire de la Palestine du temps des Otomans, 1700-1918 : lecture nouvelle), 'Adil Manna', 358 p., Beyrouth (Mu'assassat ad-dirasat al-filastiniyya), 1999, p. 252-253.
230 - On estime à 24 sur 126, le nombre de Palestiniens ayant des responsabilités importantes dans les organisations «nationalistes» arabes, in « Histoire de la Palestine : lecture nouvelle », o.c. p. 248.

La conscience arabe s'exprimera après 1908; elle est facilitée par la liberté de la presse garantie par la nouvelle Constitution.
Limitée d'abord aux classes moyennes (intellectuels, cadres de l'armée) cette conscience s'étend à d'autres couches de la population.

Dans une étude, parue le 7 octobre 1909, Yusuf Al-Khalidi, déjà cité, dit que le but du mouvement sioniste est la création d'un « Etat sioniste » en Palestine[231]. C'est l'un des premiers témoignages importants sur la position des Palestiniens vis à vis des sionistes.

La résistance au sionisme est représentée d'abord par quelques notables, dont les opinions ne sont pas suffisament diffusées. Mais, après la Révolution de 1908, la parution de nombreux journaux, et la création de nombreuses associations permettent la diffusion de l'information sur les dangers du sionisme dans les différents milieux de la société, aussi bien en Palestine que dans les principales villes arabes[232].
(Voir Annexe_10 : Associations et partis dans la lutte contre le sionisme (p.208).
(Voir Annexe_11 : La presse palestinienne au début du vingtième siècle (p.214).

L'opposition aux sionistes gagne aussi les petits fonctionnaires de l'Etat ottoman en Palestine[233].

C'est ainsi que le journal égyptien « Al-Iqdam », dans son numéro du 31 mai 1914, signale que les sionistes craignent plus l'opinion que le gouvernement turc[234].

---

[231] - « Le rôle de la presse arabe dans la résistance contre le sionisme », o.c. p. 545 (citant « Al-Ahram », journal égyptien du 7 oct. 1909).
[232] - Histoire de la Palestine : lecture nouvelle, o.c. p. 253.
[233] - Ta'rikh Filastin Al-Hadith (Histoire nouvelle de la Palestine), o.c. p. 42.
[234] - « La résistance arabe au sionisme »), o.c. p. 384.

L'appropriation des terres par des colons en Palestine, transforme la lutte des Palestiniens pour la préservation de leurs terres en «question nationale».
Les opposants au sionisme jouent un rôle capital dans cette transformation et dans l'accroissement de la solidarité, entre les responsables politiques des villes, et les fellahs victimes de l'implantation des colonies[235].

On peut illustrer cette solidarité avec deux exemples : les régions de Tibériade et Al-'Afula sont des sites notables de la colonisation juive.
Puisque Tibériade se situe pas très loin de Damas, les conflits, entre des fellahs palestiniens et des colons, sont rapportés par la presse arabe et celle d'Istanbul. Des militants du mouvement arabe, dont l'Emir Amine Arslan et Choukry Al-'Asli, s'opposent fermement à la colonisation juive.
Le mouvement de résistance s'étend à toute la Palestine et aux pays qui l'entourent.

<u>Premier exemple</u> : Les associations sionistes, en particulier, l'Association «Yaka», arrivent, entre 1899 et 1904, à acquérir dans la région de Tibériade, une superficie de 70.000 dounoums de terres (1 dounoum = 1.000 m² environ).
Mais quand ces associations décident d'implanter des colonies sur ces terres, les fellahs et les bédouins s'y opposent. Ils trouvent un soutien auprès du gouverneur du District de Tibériade, Amine Arslan, qui sera élu en 1909 au parlement, député d'Al-Ladhiqiyya (au nord de la Syrie actuelle).
Malgré cela, les ventes de terres sont enregistrées à Beyrouth, 'en toute légalité', avec l'aide du Préfet turc, Rachdi Bek qui applique la loi[236].

---

235 - Histoire de la Palestine : lecture nouvelle, o.c. p. 255.
236 - En conséquence, plusieurs colonies sont implantées : Sajra (Ilaniya), Kafar Tafur, Yafni'il, Manahimiya et Bayt Ghan.
Les relations entre les colons juifs et les voisins palestiniens restent tendues, Histoire de la Palestine : lecture nouvelle, o.c. p. 255-256.

<u>Deuxième exemple</u> : La famille Sarçaq vend aux sionistes, en 1910, une superficie de 9.515 dounoums de terres dans le village d'Al-Fûla, situé dans l'espace de Marj Ibn-'A-mir au sud d'An-Naçira.
Le village est situé dans une région qui prend de l'importance avec l'arrivée du chemin de fer[237].

Bien que la vente des terres d'Al-Fûla soit enregistrée, 'légalement', les fellahs se révoltent. Ils sont soutenus par Choukry Al-'Asli, Gouverneur du district d'An-Naçira. Une fois encore, le Préfet de Beyrouth prend partie pour les colons.
Le Préfet fait expulser les fellahs des terres achetées par les sionistes, et ordonne à Al-'Asli de ne pas s'opposer à l'enregistrement 'légal' de la vente des terres.

Choukry Al-'Asli publie dans «Al-Muqtabis» de Damas (déc. 1910) un article dans lequel il dénonce les projets sionistes.
Suite aux plaintes sionistes contre Al-'Asli, celui-ci est démis de ses fonctions (jan. 1911), ce qui rend possible la création de la colonie de Marhafiya dans la région.

Mais la lutte contre le sionisme, sera au centre de la campagne électorale d'Al-'Asli en 1911. Elu député de Damas, il deviendra l'animateur du combat contre le sionisme et un des dirigeants du groupe arabe au parlement ottoman[238].

Fin du Chapitre_12

---

[237] - As-Sunduq al-Qawmi al-Yahudi. Traduction en arabe de : The Jewish National Fund, Walter Lehn in association with Uri Davis, Beyrouth, Institute of Palestine Studies (Mu'assassat Addirasat al-Filastiniyya), 1990, 393 p., p. 48. La plupart des terres des Sarçaq se trouve dans Marj ibn-'Amir. Elles deviennent propriété du Fonds national juif, Ibid. p. 48-49.
[238] - Histoire de la Palestine : lecture nouvelle, o.c. p. 256- 257.

La presse palestinienne devient la cible des sionistes

Chapitre_13 : La presse palestinienne fait front contre le sionisme (1908-1914)

(Voir Annexe_11 (p.214) : La presse palestinienne au début du vingtième siècle).

§§§

1 - La presse arabe et la colonisation juive de la Palestine
2 - La presse palestinienne devient la cible des sionistes
3 - La presse palestinienne est parfois interdite par les Autorités ottomanes

&&&

1 - La presse arabe traite le problème de la colonisation juive de la Palestine dès 1882

A travers la revue «Al-Manar», Mohammad Rachid Ridha attire, très tôt, l'attention des Palestiniens sur les conséquences néfastes de la vente de leurs terres aux juifs. C'est trahir les Arabes, dit-il[239].

En 1895, Najib Al-Hajj le rédacteur en chef de la revue caïrote «Abu-Al-Hawl», rapporte, pendant sa visite en Palestine, l'inquiétude des commerçants, devant l'a-

---

239 - Muhammad Rashid Rida (1865-1935) est influencé par les idées des réformistes Muhammad 'Abduh et Jamal ad-Din Al-Afghani.
En 1897 il quitte la Syrie pour le Caire. En 1898 il publie le premier numéro d'« Al-Manar ». Il luttera contre le sionisme à travers son journal jusqu'à sa mort en 1935.
La presse arabe est «tiède» au début de la colonisation juive, sauf « Al-Manar », « Al-Muqtatif » et « Annaçra Al-Usbu'iyya ». Ce dernier titre traite la question sioniste depuis le 11 décembre 1897.
Voir : The attitude of the ottoman empire toward the zionist movement 1897-1909, Hassan Ali HALLAK, Beyrouth, 1980 (en arabe), 425 p., p. 245-247.

vancée de la colonisation juive et l'effet que cette inquiétude a eu sur lui-même[240].

L'envoyé du quotidien «Al-Ahram» du Caire, témoigne sur la difficile situation en Palestine (octobre 1909) : Les Palestiniens sont préoccupés par le mouvement sioniste et par l'immigration ininterrompue de colons juifs, suspectés de vouloir établir un «Etat juif».
De riches juifs ottomans rapporte-t-il, corrompent des fonctionnaires pour exempter les juifs du service militaire[241].

Au lendemain de la proclamation de la Constitution ottomane (1909) par les « Jeunes-Turcs », la presse va jouer un rôle important dans la sensibilisation des Palestiniens sur le péril sioniste[242].

De nombreux périodiques voient le jour en Palestine. Parmi les plus importants, on peut citer :
«Filastin», «Al-Karmil», «Mir'at ac-Charq», «Al-Munadi», «Al-Asma'i», « Al-Quds », etc[243].

Ces périodiques préviennent les Palestiniens des dangers de l'immigration sioniste, et le risque de séparation de la Palestine de la nation arabe.

---

[240] - Ta'rikh Filastin Al-Hadith (Histoire nouvelle de la Palestine), Abd-al-Wahab Al-Kayyali, Beyrouth, 1985 (9ème éd.), 408p., p.42. Traduction française: « Histoire de la Palestine 1896-1940 », Paris, L'Harmattan, 1985, 267 pages. (traduit de l'anglais par Anne-Marie Abouelaazem).
[241] - Ibid, p. 50.
[242] - Les « Jeunes-Turcs » sont une organisation secrète créée à Salonique en Grèce (ottomane à l'époque). Ils se soulèvent militairement contre le pouvoir du Sultan Abdul-Hamid II en 1908.
[243] - L'ouvrage : La presse et la vie politique en Palestine, 1908-1948, d'Abd-al-Kader Yassin, Nicosie, Charq-Press, fév. 1990, cite de nombreux journalistes palestiniens, et étudie le développement de la presse lié à celui du mouvement national économique et social en Palestine. Voir : Note de lecture de Majid Kayyali, Majallat ad-Dirasat al-Filastiniyya (Revue d'études palestiniennes) (en arabe), Beyrouth, num. 3, été 1990, p. 136-137.

La plus grande partie de ces périodiques est distribuée gratuitement.
Les articles de presse qui paraissent, en ce début du 20ème siècle, soulignent que la lutte contre le sionisme doit nécessiter, habileté, connaissance et organisation.

Un rédacteur en chef caractérise cette période, quant à son engagement dans la lutte contre le sionisme.
Il s'agit de Najib Al-Khoury Nassar (1873-1948).
(Voir: Annexe_5 (p.197) : Quelques mots sur Najib Nassar).

Najib Nassar fonde, à Haïfa, la revue «Al-Karmil» en mars 1909.
La revue a pour objectif de dénoncer l'immigration juive, en Palestine, et d'appeler les Arabes, dont les Palestiniens, à ne pas vendre leurs terres aux immigrés juifs[244].

Après avoir tenté, au préalable, de concilier les positions turques et arabes afin de s'opposer aux sionistes et de résister aux Occidentaux, qui ne cessent pas de s'acharner contre l'Empire Ottoman, la revue de Najib Nassar devient « l'expression d'une véritable intifadha politico-culturelle contre le gouvernement ottoman ».
Comme Nassar recommande aux Autorités ottomanes de demeurer neutres pendant la guerre 1914-1918, il est accusé par celles-ci, sur l'instigation de la diplomatie allemande, de haute trahison[245].

---

244 - «Al-Karmil», d'abord hebdomadaire en 1909, puis bi-hebdomadaire et enfin quotidien en 1937.
Il cesse de paraître lorsqu'éclate la guerre 1939-1945.
Il compte 3421 numéros.
245 - Najib NASSAR, Revue d'Etudes palestiniennes (REP), Paris, hiver 1995, num. 2, nouvelle série, p. 85-86. Les Ottomans entrent en guerre aux côtés de l'Allemagne en oct. 1914. Voir également : Article à propos de Nassar dans « Al-Quds al-'Arabi » (quotidien arabe édité à Londres) du 17 juin 2004.

Remarquons ce que dit de Najib Nassar un de ses collègues, le rédacteur en chef et propriétaire du journal «Al-Wahda», Ishaq Abd-as-Salam al-Husseiny :
« La constitution ottomane de 1909 proclamée, Nassar contacta divers journaux afin d'y publier une série d'articles sur le sionisme. On lui conseilla de patienter car, les chefs de la communauté juive de Salonique avaient joué un rôle important, dans la chute du Sultan Abdul-Hamid II »[246].

2 - La presse palestinienne devient la cible des sionistes

Après plusieurs mois de parution, «Al-Karmil» est suspendu pour la première fois, le 25 juin 1909.

Pendant les procès contre la presse palestinienne, les salles des tribunaux, en particulier à Jaffa et à Haïfa, regorgeaient de monde, et tout non-lieu est suivi de manifestations quasi nationales.

C'est ainsi, que l'envoyé du «Jewich Chronicle» (Chronique juive) à Istanbul, fait référence, le 10 juin 1910, à l'acquittement, en février 1910, de Najib Nassar, directeur d'«Al-Karmil»[247].

---

246 - Najib NASSAR, Revue d'Etudes palestiniennes, o.c. p. 87. La revue «Al Karmil», en plus de sa lutte antisioniste, milite pour l'ouverture d'écoles arabes et faire de la langue arabe une langue d'enseignement.
« Al Karmil » encourage les jeunes à pratiquer les métiers de l'agriculture, du commerce et de l'industrie, «Dawr assahafa al-'arabiyya fi muqawamat as-sahyouniyya (1897-1914)(« Le rôle de la presse arabe dans la lutte contre le sionisme »), Dr Ismaïl Ahmad Yaghi, Revue d'Histoire Maghrébine, Tunis, num. 57-58, juillet 1990, pp. 523-561, p. 556.
247 - Docteur Khayriyya Qasmiyya, « Al-Muqâwama al-'arabiyya li-sahyunuiyya awakhir al-'ahd al-'uthmani 1908-1917 - al-ittijahat ar-raïsiyya » (La résistance arabe au sionisme) in Revue d'Histoire Maghrébine, Tunis, num. 29-30, 1983, p. 373-394, p. 380.

«Al-Karmil» publie, le 7 juin 1911, une lettre ouverte demandant aux responsables des revues arabes d'unir leurs efforts dans un seul front contre le sionisme. Quelques jours plus tard, des journalistes, dont Taha Al-Mudawwar, du journal « Ar-Ra'y al-'Amm » de Beyrouth répondent en publiant des articles dénonçant le sionisme, pendant tout le deuxième semestre 1911.

Début 1912, les sionistes se mettent à parler de l'«esprit de haine qui s'installe parmi la population dans le gouvernorat d'Al-Quds (Jérusalem)»[248].
Et lorsque la revue juive, «Ha-Jabrut», éditée à Jérusalem, attaque la revue «Filastin», la revue « Al-Karmil» affirme (déc.1912) à «Filastin» sa solidarité[249].

Au printemps 1912, le nouveau journal «Al-Munadi», affiche la couleur à sa parution, en se mobilisant dans la lutte contre le sionisme.

De son côté, Muhammad Salah As-Samady Al-Huseyni de Jérusalem, publie, dans le journal « Ar-Ra'y al-'Âmm », de Beyrouth, les « Dix dangers sionistes », dont :
-- l'implantation de colonies dans des lieux stratégiques en Palestine ;
-- la vente aux juifs de terres et d'habitations palestiniennes ;
-- le contrôle par les banques et les institutions juives des moyens industriels et commerciaux du pays.

Les journalistes d'«Al-Muqtabis» (Damas), sont affectés par l'article d'«Ar-Ra'y al-'Âmm», ils déclarent que les sionistes lorgnent « notre économie et notre politique ».
Ils ajoutent qu'en cette année 1912 les immigrés possèdent déjà 30 colonies ou villages, et que la langue

---

248 - Ta'rikh Filastin Al-Hadith (Histoire nouvelle de la Palestine), o.c. p. 53-55.
249 - La résistance arabe au sionisme, o.c. p.380.

juive sera un jour la langue officielle du pays.
Les sionistes possèdent, soulignent-ils, de bonnes écoles, de nombreux journaux, et de solides associations qui les soutiennent.

Le 27 novembre 1912, la revue « Filastin » dénonce le Gouverneur de Palestine qui facilite la vente de terres aux juifs, malgré l'opposition et les protestations de la population.
Et fin 1912, la campagne de « Filastin » contre le sionisme est tellement véhémente, que l'envoyé du journal sioniste «Ha-Hirout» de Yâfâ (Jaffa) demande son boycott[250].
La revue « Filastin » écrira le 22 janvier 1913 :
« Tant que les sionistes s'approprient la Palestine village par village, Jérusalem sera vendu demain entièrement ainsi que toute la Palestine également »[251].

Début janvier 1913, la revue « Al-Karmil » publie un éditorial très engagé sur la situation et fait le bilan de ses actions contre les sionistes, au cours des 4 années de son existence.
Tout en remarquant les positions positives prises contre les sionistes par les députés palestiniens au parlement ottoman, (en particulier par Choukry Al-Asly et Ruhy Al-Khalidy), la revue s'en prend aux notables qui feignent de défendre les intérêts nationaux alors qu'ils trempent dans des actions de courtage pour la vente de terres à des sionistes.

Enfin, « Al-Karmil » observe que « de nombreux penseurs, journalistes et fonctionnaires locaux de l'Etat, réalisent les dangers du sionisme, et s'engagent à affronter avec nous ces dangers »[252].

---

250 - Ta'rikh Filastin Al-Hadith (Histoire nouvelle de la Palestine), o.c. p. 55-56.
251 - La résistance arabe au sionisme, o.c. p. 380.
252 - Ta'rikh Filastin Al-Hadith (Histoire nouvelle de la Palestine), o.c. p. 56.

Tout le long du mois de septembre 1913, les revues «Filastin» et «Al-Karmil» informent et sensibilisent la population sur les activités des sionistes.

«Filastin» fait état de la création de l'«Association des jeunes juifs», dont le but est le boycott des Palestiniens.

Un mois plus tard, la même revue s'élève contre l'installation de tribunaux juifs à Tel-Aviv[253] et dans certaines colonies, ce qui serait le prélude à la «création d'un Etat dans l'Etat».

En juin 1913, une campagne sioniste a abouti à l'arrêt sans jugement de la revue « Filastin ». Les journaux arabes, de Syrie et du Liban, ainsi que l'opinion publique apportent leur soutien à la revue suspendue.

En effet, en avril 1913, lors de la visite de l'Ambassadeur américain (Moore Anthu) en Palestine, le ministère de l'Intérieur ottoman ordonne la fermeture de la revue pour motif d'incitation à la « séparation des races ».

La revue «Filastin», qui est diffusée pendant une période sous le titre « Nasîta » (Aux écoutes), s'engage à rester toujours debout face au sionisme.

En avril 1914, le vice-consul britannique à Yâfâ (Jaffa) rend compte du jugement du procès contre «Filastin», en le qualifiant de procès entre les sionistes et les autres[254].

Par ailleurs, Cheikh Slimane At-Taji Al-Faruqi, du Parti National Ottoman (Hizb al-Watani al-Outhmani), publie le poème « Le danger sioniste », dans lequel non

---

253 - La ville moderne de Tel-Aviv a été fondée en 1909 à l'époque ottomane dans les faubourgs de Jaffa, ville portuaire avec laquelle elle a fusionné en 1950.

254 - La résistance arabe au sionisme, o.c. p. 380. Le 4 novembre 1913, « Al-Karmil » qualifie, dans une note, de traître toute personne qui collabore avec les sionistes.

seulement, il dénonce les plans sionistes, mais il attire l'attention des dirigeants ottomans sur leurs obligations de protéger la Palestine, qui compte un grand nombre de Lieux Saints de l'islam[255].

3 - La presse palestinienne interdite de temps à autre par les Autorités ottomanes

Les Autorités ottomanes sont maintes fois gênées par l'activité militante de la presse palestinienne et arabe. Des journaux et des revues sont interdits, de temps à autre, ce qui fait croire aux Arabes, que le mouvement « taurien » turc et le mouvement sioniste, sont alliés contre eux[256].

A la veille de la guerre 1914-1918, le mouvement contre le sionisme en Palestine porte les signes d'une opposition organisée.
La revue « Al-Karmil » annonce que de jeunes Arabes d'Istanbul ont fondé, en février 1914 une «Association pour la lutte contre le sionisme», et fin avril, un certain sioniste Ibri écrit au Docteur Robin (Chef du «Bureau Palestine»)[257] :
« Je suis sûr qu'il existe dans les formations de jeunes de Jérusalem et de Yâfâ, musulmans ou chrétiens, des gens prêts à nous affronter, par tous les moyens, partout en Palestine »[258].

---

255 - Poème publié le 8 novembre 1913, Ta'rikh Filastin Al-Hadith (Histoire nouvelle de la Palestine), o.c. p. 59-60.
256 - On reproche à l'«Union et Progrès», parti issu du mouvement des «Jeunes-Turcs», de militer pour la constitution d'une nation turque, dont les origines remontent aux «Turaniyya», tribus de «Turan», nom donné par les Arabes au Balujistan.
L'orientation nationale Tauranienne développe la politique de « turquisation » en tentant de faire disparaître les marques de la langue arabe et de débarrasser la pensée turque des influences arabes et perses.
257 - Le « Bureau Palestine » représente le « Fonds National juif », chargé de l'achat de terres en Palestine.
258 - Ta'rikh Filastin Al-Hadith (Histoire nouvelle de la Palestine), o.c. p. 60.

Le 20 avril 1914, les Autorités ottomanes interdisent la revue «Filastin», après la publication, le 4 avril d'un article qui selon elles « crée des divisions entre les différentes parties du peuple». Suite à cette interdiction, «Filastin», publie un communiqué à ses lecteurs, dans lequel, elle fait la différence entre le juif et le sioniste, et blâme le sionisme qui est responsable de la détérioration de la situation.

« Les juifs vivaient, souligne le communiqué, il y a des années, comme des frères ottomans, dans les mêmes quartiers, et leurs enfants fréquentaient les mêmes écoles. Les sionistes mettent un terme à tout cela, ils interdisent tout mélange, entre les juifs et les autres, ils boycottent la langue arabe et les commerçants arabes ».

Le communiqué de la revue «Filastin» cite le Docteur Ourbakh, du mouvement sioniste, qui dit à Haïfa «que le sioniste doit se révolter contre les Arabes, les diviser et les expulser, et en ce sens il sert les intérêts ottomans ».

La revue «Filastin» met en garde les Autorités contre le sionisme qui n'est pas un mouvement fantôme mais un danger réel. Les Autorités peuvent interdire la revue, ajoute «Filastin», mais il y a d'autres revues qui saisiront le flambeau, de même, il ne faut pas oublier la jeunesse, qui est en effervescence devant les dangers qui guettent son avenir.

Les Britanniques, (le vice-consul de Jaffa et le consul général de Jérusalem), déclarent que le communiqué de «Filastin» : « donne une image juste du grand mécontentement dans les rangs arabes contre la conquête sioniste ».

La presse palestinienne poursuit sa campagne contre le sionisme jusqu'au début de la guerre 1914-1918[259].

---

[259] - Ibid, p. 66-67.

En conclusion, citons le journal « Al-Asma'i » qui compare, au lendemain de l'arrivée des « Jeunes-Turcs » au pouvoir, la situation des fellahs palestiniens et celle des colons juifs. Le journal remarque que les fellahs souffrent du fait que les colons profitent des «Capitulations» imposées par l'étranger, de la corruption de l'Administration ottomane, de l'affranchissement des colons des impôts, et du boycott contre la population palestinienne par ces mêmes colons[260].

L'action de la presse palestinienne contre le sionisme a porté ses fruits. Les sionistes, qui pensaient arriver dans une «terre vide», se rendent compte qu'il y a des Palestiniens en Palestine et qui résistent !

Le journal «Ha'ulam», du mouvement sioniste, publie un rapport de son envoyé en Palestine :
« La force la plus importante en Palestine, déclare-t-il, est celle des Arabes, et nous, nous oublions qu'il y a là-bas des Arabes, en Palestine, et nous ne découvrons cette réalité que dernièrement, nous les avons délaissés, et nous ne sommes pas efforcés d'avoir des amitiés dans leurs rangs. Les intellectuels chrétiens sont, parmi les Arabes, les plus virulents envers les juifs ».

Ces remarques peuvent être considérées, comme une reconnaissance des activités menées contre le sionisme par Najib Nassar, le rédacteur en chef de la revue «Al-Karmil»[261].

Enfin, en avril 1914, «Filastin» publie une synthèse de l'action de la presse arabe.

---

260 - Ibid, p. 45. Les « Capitulations » sont des privilèges obtenus par les Européens sur le territoire ottoman. Ces privilèges concernent le commerce, les droits de douanes, etc.
Les colons juifs, non ottomans, profitent des protections consulaires européennes.
261 - Ibid, p. 53.

La revue salue la presse du Caire, de Beyrouth et de Damas, qui lutte contre le danger sioniste.
Elle salue également «Al-Karmil» (qui a passé le flambeau à « Filastin »), « Ar-Ra'y al-'Amm », « Al-Muqtabis», « Fata Al-Arab », « Al-Islah ».
La revue « Filastin » ajoute qu'une petite partie de la presse arabe, qui ne participe pas à la lutte contre le sionisme, reçoit des moyens et de l'argent de la part des sionistes.

Par ailleurs, le rédacteur de l'article de «Filastin» est touché par l'engagement de la revue cairote «Al-Hilal» qui a publié un article sur les colons juifs qui vivent en autonomie en Palestine.

Enfin, « Filastin » souligne l'engagement du journal égyptien «Al-Iqdam» dans sa dénonciation des dangers sionistes[262].

Fin du Chapitre_13

---

262 - Ibid, p. 64.

Le parlement de 1908 compte 245 députés ottomans, dont 60 Arabes, et, parmi ceux-ci, 5 sont Palestiniens.

Chapitre_14 : La bataille contre le sionisme, au sein du parlement ottoman

1 - Le parlement ottoman
2 - Le combat contre le sionisme entre au parlement
3 - La question sioniste dans les campagnes électorales

&&&

1 - Le parlement ottoman

Le premier parlement ottoman est élu en 1877, après la promulgation de la Constitution en 1876, par le Sultan Abdul-Hamid II.
Le parlement de 1877 compte 118 députés dont 16 arabes.
Parmi les 16 députés arabes, cinq représentent la wilaya de Syrie et l'un d'eux, Yusuf Daya' Al-Khalidi, représente le Gouvernorat de Jérusalem[263].

Pendant les 2 sessions du parlement (1877 et 1878), Yusuf Al-Khalidi se prononce pour des réformes de l'Etat et dénonce les fonctionnaires corrompus.
Le parlement de 1877 se penche aussi sur les problèmes de la Palestine, suite à l'arrivée dans ce pays de colons juifs en provenance d'Europe centrale et orientale[264].

Le parlement de 1877 sera dissout par le Sultan Abdul-Hamid II en 1878.

---

[263] - Yusuf Daya' Al-Khalidi est plusieurs fois maire d'Al-Quds (Jérusalem) et son envergure politique et culturelle dépasse le territoire palestinien, pour s'étendre à l'ensemble de l'Empire ottoman.
Voir : Ta'rikh Filastin fi awakhir al-'ahd al-'uthmani, 1700-1918 : qira'ah jadidah (Histoire de la Palestine : Lecture nouvelle), 'Adil Manna', 358 p., Beyrouth (Mu'assasat ad-dirasat al-filastiniyya), 1999, p. 199-200.
[264] - Histoire de la Palestine : Lecture nouvelle, o.c. p. 204-205.

30 ans plus tard, à l'arrivée des « JeunesTurcs » au pouvoir[265], deux parlements seront élus : fin 1908 et 1912.
Le parlement de 1908 compte 245 députés ottomans dont 60 arabes, et, parmi ceux-ci, 5 sont palestiniens. Ce sont :

+++Ruhy Al-Khalidi (1863--1913) et Saïd Al-Husayni (1878--1940) pour Al-Quds (Jérusalem) ;
+++Hafidh As-Saïd (1843--1916) pour Yâfâ (Jaffa) ;
+++Ahmad Al-Khammach (1850-1920) pour Naplouse ;
+++As'ad Ach-Choukayry (1860--1940) pour St-Jean d'Acre.

Le parlement de 1912 compte comme celui de 1908, 5 députés palestiniens (sur 59 députés arabes)[266].

2 - Le combat contre le sionisme entre au parlement

Le porte-drapeau de ce combat dans le parlement est Ruhy Al-Khalidi, député d'Al-Quds.

Dans le manuscrit « La question sioniste » (1911), le député d'Al-Quds (Jérusalem) présente le sionisme et attire l'attention des Palestiniens sur les intentions des sionistes de créer un Etat juif en Palestine.

L'historien Abd-al-Wahab Al-Kayyali remarque que les idées développées dans le manuscrit influencent de nombreux Palestiniens, dont ceux qui auront des rôles

---

265 - Les « Jeunes-Turcs » sont une organisation secrète fondée à Salonique (Grèce, province ottomane à l'époque).
Ils se soulèvent contre le Sultan Abdul-Hamid II en 1908.
266 - Saïd Al-Husayni et Hafidh As--Saïd sont remplacés par Uthman an-Nachachiby et Ahmad 'Arif Al-Husayny de Ghazza, et Ahmad Al-Khammach est remplacé par Hafid Tuqan. Voir : Histoire de la Palestine : lecture nouvelle, o.c. p. 244 et 251.

importants dans la lutte anti-sioniste, comme Al-Hajj Amine Al-Huseyni[267].

Le journal « Al Muqtabis » publie (15 mars 1910) une lettre ouverte d'Abd-Allah Mukhlis au parlement sur l'occupation par les sionistes de la Palestine.
Abd-Allah Mukhlis, en s'adressant aux députés, déclare : « dans quelques dizaines d'années seulement, la Palestine sera entièrement entre les mains de l'étranger »[268].

Plusieurs interventions au parlement ottoman ont lieu à propos de la question sioniste, la première arrive le 1er mars 1911 lors d'un débat sur le budget.
La question sioniste est posée par les députés de Damas et de Jérusalem, Choukry Al-'Asli et Ruhy Al Khalidi, au nom des représentants de toutes les wilayas arabes.
Les députés arabes critiquent la politique financière du gouvernement et la relation de cette politique avec le sionisme, alors que le gouvernement tente de nier l'existence du projet sioniste.

La question sioniste posée au parlement est retransmise par la presse ottomane d'opposition et la presse

---

267 - Al-Kayyali s'entretient au Liban en 1966 avec le leader palestinien Al-Hajj Amine Al-Huseyni à propos de ce manuscrit, Voir : Ta'rikh Filastin Al-Hadith (Histoire nouvelle de la Palestine), Abd-al-Wahab Al-Kayyali, Beyrouth, 1985 (9-ème édition), 408 pages, p. 48-49. Traduction française : Histoire de la Palestine 1896-1940, Paris, L'Harmattan, 1985, 267 pages. Ce dernier ouvrage est traduit de l'anglais par Anne-Marie Abouelaazem). Voir aussi : Walid Al-Khalidi : «Kitab as-siwanzam aw al-mas'alat as-sahyuniyya li Muhammad Ruhy AlKhalidi, mort en 1913» (La Question sioniste) in Kitab ad-Dirasat al-filastiniyya (Ensemble de recherches en hommage au Dr Constantin Zariq), Beyrouth, 1988, p. 38-81.
268 - Docteur Khayriyya Qasmiyya, « Al-Muqâwama al-'arabiyya li-sahyunuiyya awakhir al-'ahd al-'uthmani 1908-1917 - al-ittijahat ar-raïsiyya » (« La résistance arabe au sionisme »), in Revue d'Histoire Maghrébine, Tunis, num. 29-30, 1983, p. 373-394, p. 383-384.

arabe, ce qui amène le gouvernement ottoman à réviser ses positions sur la question.

Encouragés par leurs actions les députés arabes reposent la question sioniste au parlement lors de la séance de mai 1911.
Ils demandent au gouvernement de prendre des mesures contre l'immigration juive et la vente de terres à des juifs non-ottomans.
Les députés arabes dévoilent un ministre ottoman qui a vendu des terres à une société, via des intermédiaires juifs[269].
Ils attirent également l'attention du gouvernement ottoman sur des comportements sionistes nationalistes, comme l'usage d'un drapeau sioniste et de la langue hébreu, de la construction d'écoles et de tribunaux réservés aux juifs ainsi que l'usage de timbres postaux faisant référence au sionisme[270].

Par ailleurs, le député de Yâfâ (Jaffa) recommande au parlement, de faire fermer le port de Yâfâ devant les immigrés juifs[271].

Un télégramme signé de 150 habitants de Yâfâ (Jaffa)

---

[269] - Les discussions de la 1ère séance sont rapportées dans « Al-Ahram » du 11/3/1911, et celles de la deuxième séance dans « Al-Muqtabis » du 31/5/1911.
Voir : « La résistance arabe au sionisme », o.c. p. 381.
Voir aussi : « Dawr assahafa al-'arabiyya fi muqawamat assahyouniyya (1897-1914) (Le rôle de la presse arabe dans la résistance contre le sionisme), Docteur Ismaïl Ahmad Yaghi, Revue d'Histoire maghrébine, Tunis, num. 57-58, juillet 1990, pp. 523-561, p. 549.
Voir également : The attitude of the ottoman empire toward the zionist movement 1897-1909, Hassan Ali HALLAK, Beyrouth, 1980 (en arabe), 425 p., p. 332-333.
[270] - A Al-Quds (Jérusalem), en 1906, création d'une école des arts et des métiers réservée aux seuls juifs, As'ad 'Abd-ar-Rahman, L'Organisation Sioniste Mondiale : les débuts, les institutions, les activités et les conflits (1882-1982), (en arabe), Beyrouth, Al-Mu'assasat al-'arabiyya li-dirasat wan-nashr, 1985, 272 p., p. 68.
[271] - « Dawr as-sahafa al-'arabiyya », Ismaïl Ahmad, o.c. p. 546.

est adressé au président du Parlement, au Grand Vizir et à divers journaux, télégramme dans lequel ces habitants protestent contre l'achat de terres par les juifs non-ottomans[272].

Les parlementaires palestiniens insistent toujours sur la différence entre les juifs ottomans et les juifs non-ottomans, parce que ces derniers immigrent en Palestine dans le but de créer un Etat juif. C'est ce que dit le député d'Al-Quds (Jérusalem), Ruhy Al Khalidi dans la deuxième discussion des députés (mai 1911) sur la question sioniste[273].

Les députés palestiniens réclament l'égalité pour tous, musulmans, chrétiens et juifs[274].
Concernant la question de l'égalité pour tous, la revue «The Near East» (05/04/1912) signale d'après ses envoyés à Istanbul, que «le sentiment des députés arabes qui considèrent l'immigration analogue à une irruption de criquets, n'a pas de lien avec une hostilité ethnique ou religieuse, mais ces députés ont peur que les Arabes ne tombent sous l'occupation, et ne soient expulsés de chez eux »[275].

L'action des députés oblige le ministre de l'Intérieur à déclarer son opposition au projet sioniste, mais la réalité est tout autre[276].
Des fonctionnaires palestiniens de haut rang sont démis de leurs fonctions pour leur opposition au sionisme.
C'est le cas de Choukry Al-'Asli, gouverneur du district d'An-Naçira (nommé en automne 1910) qui tente de

---
272 - Ta'rikh Filastin Al-Hadith (Histoire nouvelle de la Palestine), o.c. p. 52.
273 - « La résistance arabe au sionisme », o.c. p. 382.
274 - The attitude of the ottoman empire, o.c. p. 309.
275 - « La résistance arabe au sionisme », o.c. p. 382.
276 - « Dawr as-sahafa al-'arabiyya », Ismaïl Ahmad, o.c. p. 545-547.

stopper l'opération de transfert aux sionistes, des terres du village d'Al--Fûla (situé dans la plaine de Marj-Ibn-'Amir). Mais entre-temps, Choukry Al-'Asli est élu député de Damas, en janvier 1911, grâce à ses positions antisionistes[277].

3 - La question sioniste dans les campagnes électorales

La question de la vente de terres aux juifs, constitue l'aspect principal des campagnes électorales des candidats palestiniens au parlement.
Les campagnes électorales n'ont pas de caractère partisan.
On appelle à élire les candidats, qui mettent en avant le danger de l'immigration juive quelque soit leur couleur politique même si ces candidats appartiennent au parti au pouvoir[278].

Le problème sioniste sera la principale préoccupation des candidats aux élections législatives.
Le palestinien Muhammad Ach-Chanty du journal «Al-Iqdam» (Le Caire) a de nombreux entretiens avec des candidats aux élections législatives de 1914.
Dans la 2ème quinzaine de mars 1914, « Al-Iqdam » publie 3 interviews de : Saïd Al-Husayny, Raghib An-Nachachibi et Salim Al-Huseyny :
++Saïd Al-Husayny s'engage, s'il est réélu, à poursuivre au parlement sa lutte contre le sionisme. Il revendique l'amélioration des conditions de vie du fellah et l'appropriation de la terre qu'il cultive, de façon à ce que celui-ci ne soit pas, éventuellement, obligé de la quitter.
Il critique par ailleurs les Autorités pour leur manque d'engagement dans la lutte contre le sionisme.

---

277 - « Al-Muqtabis » (2/3/1911) in : « La résistance arabe au sionisme », o.c. p. 381.
278 - « Al Muqtabis » (2/4/1912) in : « La résistance arabe au sionisme »), o.c.

++Quant à Raghib An-Nachachibi, autre candidat aux élections parlementaires, il préconise une loi spéciale interdisant aux sionistes, de détenir des terres en Palestine.
An-Nachachibi s'engage à combattre le sionisme sans porter atteinte aux rites des juifs ottomans.
++Salim Al-Huseyny, lui aussi, est pour une loi spéciale interdisant la vente de terres aux juifs[279].

Toujours en mars-avril 1914, « Al-Iqdam » interviewe Khalil As-Sakakini, un des fondateurs de l'«Ecole Dusturiyya» d'Al-Quds (Jérusalem)[280]. Il dit :
« les sionistes veulent occuper la Palestine, le coeur des terres arabes, et lien entre la Presqu'île arabe et l'Afrique ».
Dans le même numéro d'« Al-Iqdam », une autre personnalité arabe, Faydhi Al-'Alami, déclare, que si les choses continuent de se dérouler comme aujourd'hui, « les sionistes occuperont le pays, et les Palestiniens seront comme des étrangers chez eux »[281].

Les sionistes eux-mêmes, reconnaissent l'action des députés palestiniens.
Albert Entebi[282] dit qu'avec l'arrivée des discours de Ruhy Al-Khalidy et de Choukry Al-'Asly à la campagne,

---

279 - « Al-Iqdam », (22, 29 mars, 12 avril, 3 mai et 14 juin 1914), « La résistance arabe au sionisme », o.c. p. 382. Voir également : Ta'rikh Filastin Al-Hadith (Histoire nouvelle de la Palestine), o.c. p. 64-65.
Saïd Al-Husayny, le député d'Al-Quds (Jérusalem), qui est fin connaisseur de la langue hébraïque, est au courant de la question sioniste.
280 - Création en 1908 en Palestine de deux institutions, l'« Ecole Dusturiyya » et « Ar-Rawda », la première politique et la seconde culturelle, destinées à faire prendre conscience aux Arabes du danger sioniste, The attitude of the ottoman empire, o.c. p. 261-262.
281 - Ta'rikh Filastin Al-Hadith (Histoire nouvelle de la Palestine), o.c. p. 65.
282 - Albert Entebi est l'animateur à Jérusalem de la « Jewish Colonization Association », fondée par le baron Hirsh et à laquelle sont transférées les colonies juives du baron Rothshild en 1899.

il se développe chez les fellahs palestiniens des «sentiments d'opposition aux juifs »[283].

Fin du Chapitre_14

---

[283] - Ta'rikh Filastin Al-Hadith (Histoire nouvelle de la Palestine), o.c. p. 52.

Des associations estudiantines, et des associations féminines participent à la lutte contre le sionisme

Chapitre_15 : Partis et associations palestiniens dans la lutte contre le sionisme

(Voir Annexe_10 (p.208) : Associations et partis dans la lutte contre le sionisme).

§§§

1 - Associations et partis palestiniens
2 - Associations estudiantines et féminines contre le sionisme
3 - Les contacts arabo-sionistes. Le Congrès arabe de Paris de 1913

&&&

1 - Associations et partis palestiniens

Des appels sont lancés par des personnalités palestiniennes et des revues, dont «Al-Karmil» et «Filastin», pour attirer l'attention de la population sur la nouvelle situation, et élever son degré de connaissances à travers la fondation de partis et d'associations[284].

C'est ainsi qu'on assiste à la naissance d'associations locales, dans le but est d'empêcher la vente de terres aux juifs, et de comités de surveillance de la région côtière palestinienne, pour garantir l'application de la loi interdisant l'immigration juive clandestine[285].

───────────────

[284] - Les revues « Al-Karmil » (11-02-1913), et « Filastin » (02-04-1913 et 09-08-1913), appellent les Palestiniens à créer des associations et des entreprises nationales, voir : Dr Khayriyya Qasmiyya, « Al Muqâwama al-'arabiyya li-sahyunuiyya awakhir al-'ahd al-'uthmani 1908-1917 -- al-ittijahat ar-raïsiyya » (La résistance arabe au sionisme) in Revue d'Histoire Maghrébine, Tunis, numéros 29-30, 1983, p. 373-394, p. 383-384.
[285] - Lettre du vice-consul britannique de Haïfa à sa hiérarchie à Beyrouth (17-03-1909).
Voir également le «Jewish Cronicle» (25-11-1910) qui signale l'existence d'une organisation à Haïfa, dont le but est de mettre un

Souliman At-Taji, un des fondateurs du « Hizb al-Watani al-Outhmani » (le Parti National Ottoman), créé à Yâfâ (Jaffa) en 1911, vise à rassembler l'opinion des pays voisins de la Palestine contre «Le Parti de l'incursion sioniste».
Sulayman At-Taji signe un long éditorial dans «Al-Mufid» de Beyrouth (19/08/1911) pour définir la ligne de son parti :

Il proclame que la Palestine est sur le point de tomber entre les mains des sionistes qui édifient un Etat dans l'Etat, avec ses lois, ses tribunaux et son enseignement propres. Cette situation a entraîné, déclare-t-il, les jeunes à créer « un Parti national pour développer ce qui est bon pour le peuple, et concentrer les forces pour une opposition légale au sionisme ».

De plus, le «Parti national ottoman» rappelle l'Etat ottoman à ses obligations[286].

---

terme à la colonisation juive, organisation soutenue par les revues «Al-Karmil» et «Al-Muqtabis», voir : « La résistance arabe au sionisme », o.c. p. 383-384.
286 - Le rédacteur en chef d'« Al-Mufid » est Abd-Al-Ghani Al-'Ariçy, membre de l'association clandestine « Jam'iyya al-Arabiyya Al-Fatat » créée en 1911.
Il est pendu par les Autorités ottomanes pendant la guerre 1914-1918.
Le «Parti national ottoman» demande au gouvernement l'interdiction de l'immigration juive, l'interdiction de la vente de terres aux juifs, la supervision des programmes d'éducation appliqués dans les écoles des colons et l'évacuation des terres colonisées par eux. Le parti demande également au gouvernement d'interdire les réunions spécifiques aux juifs sans autorisation légale, de recenser les propriétés et les terres des colons et confisquer leurs finances. Souliman At-Taji al-Farouqi invite la population à une soirée avec réunions où sont exposés des questions comme le réveil de la population pour se mettre au travail, la prévention contre les dangers de la colonisation et le recours à des moyens légaux, pour régler tout problème, voir : « La résistance arabe au sionisme », o.c., p. 384. Voir aussi : « Dawr assahafa al-'arabiyya fi muqawamat as-sahyouniyya (1897-1914), Docteurr Ismaïl Ahmad Yaghi, Revue d'Histoire Maghrébine, Tunis, num. 57-58, juillet 1990, pp. 523-561, p. 550. Voir également : Ta'rikh Filastin Al-Hadith (Histoire nouvelle

La revue «Al-Karmil» a joué un rôle important dans la création à Naplouse (8 août 1913) de l'« Association pour la lutte contre le sionisme»[287]. L'«Association», qui a plusieurs filiales en Palestine, s'oppose à la vente aux enchères des terres saisies par les Autorités ottomanes.
Elle demande que les droits des fellahs sur ces terres soient respectés, et que les fellahs puissent régler leur endettement aux Autorités, annuellement.
Par ailleurs, l'« Association pour la lutte contre le sionisme » conseille le citoyen dans les domaines commerciaux et agricoles[288].
Le sioniste Albert Entebi écrit que l'Association gagne depuis le 31/08/1913 des adhérents et se prépare au travail[289].

A côté des associations et des partis légaux, il se crée d'autres organisations, clandestines arabes, dans lesquelles sont présents des Palestiniens.

Si les associations légales font un travail politique de sensibilisation aux dangers du sionisme, les organisations clandestines, qui sont organisées militairement, s'opposent spécialement à la politique du nouveau régime ottoman de 1908, à propos de son attitude négative concernant les provinces arabes et de ses relations avec le sionisme[290].

---

de la Palestine), Abd-al-Wahab Al-Kayyali, Beyrouth, 1985 (9°édition), 408 p., p.52-53.
Il existe une traduction française de ce livre : Histoire de la Palestine 1896-1940, Paris, L'Harmattan, 1985, 267 p. (traduit de l'anglais par Anne-Marie Abouelaazem).
287 - « La résistance arabe au sionisme », o.c. p. 384.
288 - « Dawr as-sahafa al-'arabiyya », Ismaïl Ahmad, o.c. p. 554.
289 - Ta'rikh Filastin Al-Hadith (Histoire nouvelle de la Palestine), o.c. p. 59.
290 - Parmi les organisations arabes qui revendiquent l'autonomie des provinces arabes, voire leur indépendance de l'Empire ottoman,

2 - Des associations estudiantines et des associations féminines participent à la lutte contre le sionisme

En 1914, des associations estudiantines et féminines (de résistance contre le sionisme) sont créées à Jérusalem, afin de faire face aux dangers qui guettent le pays et de le protéger de la destruction.
Toutes ces associations exhortent la population, à appréhender avec conscience la situation, et la sensibilisent au développement de l'enseignement et de l'industrie nationale.

Par ailleurs, des étudiants palestiniens résidant, hors de Palestine, fondent, eux aussi, leurs associations : par exemple, l'«Association des étudiants d'Al-Azhar pour la lutte contre le sionisme » au Caire.
En juillet 1914, «Al-Iqdam» du Caire publie un communiqué de cette association qui se propose de :

+ lutter contre les sionistes à travers la prise de conscience populaire ;
+ créer des associations dans les villes syriennes et palestiniennes ;
+ développer l'esprit d'union chez les habitants ;
+ activer des projets économiques et commerciaux et faire prendre conscience aux fellahs des dangers sionistes ;
+ protester et manifester pour l'arrêt de l'immigration juive.

En même temps, l'« Association de la jeunesse de Naplouse », domiciliée à Beyrouth, et comprenant une centaine d'étudiants, et le «Muntada al-Adabi» (Cercle

---

on peut citer : « Al-Muntada al-Adabi » (1909), « Al-Qahtaniyya » (1909), «Jam'iyyat al-Arabiyya Al-Fatat» (1911), «Hizb Allamarkaziyya al-Idariyya al-Uthmani» (Parti ottoman pour la Décentralisation) (1912), Le « Comité Islah » (1913), « Jam'iyya al-'Ahd » (1913), etc.

littéraire) de Haïfa sont créés sous la houlette de Najib Nassar[291].
(Voir : Annexe_5 (p.197) : Quelques mots sur Najib Nassar)

Des associations féminines sont créées, comme l'«Association de bienfaisance» et l'association «Réveil de la jeune fille arabe». Ces associations, qui sont créées dans le cadre des industries locales, ont des ramifications dans toute la Palestine[292].

Dans un message publié, le 14 juin 1914 par la revue «Filastin», un certain Cheikh Raguib Abu-Assa'ud annonce la fondation à Jérusalem de quatre institutions nationales dont le but est d'«affronter les dangers imminents qui menacent la patrie, et sauver le pays de la destruction». Toutes ces institutions appellent à la prise de conscience, au développement de l'enseignement ainsi que des métiers[293].

En juin 1914, « Al-Iqdam » signale que les étudiants palestiniens d'Istanbul, à l'instar des jeunes de Sour et Mardjaiyyun (Liban), ont créé une association, dont le but est l'union de tous, en particulier, des Palestiniens, afin de lutter contre les sionistes par tous les moyens. Les membres de l'Association, dont le siège principal se situe à Al-Quds, commencent à contacter, en mai 1914, les députés arabes[294].

---

291 - Ta'rikh Filastin Al-Hadith (Histoire nouvelle de la Palestine), o.c. p. 61.
292 - Voir : « Dawr assahafa al-'arabiyya fi muqawamat as-sahyouniyya (1897-1914) » (Le rôle de la presse dans la résistance au sionisme), o.c. p. 555-556. Voir aussi : Ta'rikh Filastin Al-Hadith (Histoire nouvelle de la Palestine), o.c. p. 267.
293 - Ce sont l'« Association de bienfaisance islamique », l'«Association de la fraternité et de la pureté», la «Société d'économie palestino-arabe» et enfin la « Société nationale de l'économie et du commerce », Ibid.
294 - Ibid.

La revue «Al-Karmil» du 14 juillet 1914, annonce également la création à Istanbul d'une « Association pour la lutte contre le sionisme », présidée par l'Emir Ali, fils de l'Emir algérien Abd-al-Kader.
« Al-Iqdam » du 19 juillet 1914 signale de son côté la création d'un même type d'association au Caire[295].

3 - Les contacts arabo-sionistes. Le congrès arabe de Paris (1913)

En 1913, des responsables sionistes qui, jusqu'à cette date, négociaient avec les Ottomans leur implantation en Palestine, prennent contact avec des autonomistes arabes de l'Empire ottoman, comme le «Parti ottoman pour la Décentralisation» installé en Egypte et le « Comité Islah » (Réforme) de Beyrouth.
Ces contacts, recommandés par les Autorités ottomanes, sont rapportés par le journal caïrote «Al-Ahram». Ils ont pour but la constitution d'une « Union arabo-sioniste » qui lèverait les obstacles à l'installation des juifs en Palestine.

Les hommes politiques arabes, contactés par les sionistes, posent des préalables à la formation d'une telle union, dont :
+ abandon par les colons juifs de leur citoyenneté étrangère et adoption de la citoyenneté ottomane ;
+ répartition des colons juifs dans les provinces arabes à la place de leur concentration dans la seule Palestine ;
+ arrêt de la dépossession du fellah palestinien de ses terres ;
+ abandon de la pratique d'écoles réservées aux seuls juifs.

Mais les contacts arabo-sionistes qui ont duré, presqu'un an, n'arrivent à aucune conclusion et ils s'arrê-

---

295 - « La résistance arabe au sionisme », o.c. p. 383-384.

tent à la veille de la première guerre mondiale (1914-1918)[296].

Le premier Congrès arabe de Paris (18-23 juin 1913)

Pendant la même période, l'Association « Al-Jam'iyya al-'Arabiyya al-Fatat » (Jeunes-Arabes) organise, du 18 au 23 juin 1913, le premier Congrès arabe à Paris, sous la présidence de Abdul-Hamid Zahraoui.

Le «Parti ottoman pour la Décentralisation», du Caire, des associations, ainsi que de nombreuses personnalités de Syrie dont des Palestiniens participent au Congrès.

Des télégrammes sont envoyés de Palestine, à destination du Congrès. Najib Nassar est un des signataires du télégramme envoyé de Haïfa.
Dans ces télégrammes, on demande au Congrès de s'appesantir dans ses débats, sur les réformes à apporter à l'Etat ottoman et de dénoncer la vente de terres aux juifs, ce dernier point étant soulevé, surtout dans les télégrammes en provenance de Bissan et de Djanine en Palestine.

En définitive, le Congrès qui décide du droit politique des Arabes à participer au gouvernement central ottoman ne traite pas la question du sionisme en Palesti-

---

[296] - Il n'y a aucun Palestinien dans la liste des 20 membres rencontrés par le représentant sioniste. On apprend également, d'après une étude publiée par la revue « Middle Eastern Studies », que des nationalistes arabes du « Parti ottoman pour la Décentralisation», qui sont à « la recherche d'alliés pour les soutenir contre les Turcs », ont rencontré des membres du Comité exécutif sioniste.
Les Palestiniens dénoncent ces contacts, Voir : «Dawr assahafa al-'arabiyya fi muqawamat as-sahyouniyya de 1897 à 1914», (Le rôle de la presse arabe dans la résistance au sionisme), o.c. p.554-555. Voir aussi : Laurens Henry, « Genèse de la Palestine mandataire », Maghreb-Machreq, Paris, num. 140, avril-juin, p. 3-34 et p. 7-8.

ne. La presse palestinienne en général, ne reconnaît pas les travaux du Congrès[297].

En juillet 1913, la revue « Filastin » s'en prend à un membre arabe du Congrès, Cheikh Ahmad Tabara, de ne pas avoir attiré l'attention du Congrès sur le danger de l'immigration juive en Palestine[298].

De son côté la revue « Al-Karmil » (15-07-1913) critique le Congrès pour avoir ignoré la question sioniste, en déclarant :
« Vous qui demandez des réformes à Beyrouth et au Caire, vous le faites, pour des pays que les sionistes convoitent, et où ils s'introduisent et y condamnent l'existence de vos frères »[299].

Fin du Chapitre_15

---

[297] - Un Palestinien de Naplouse est l'une des 5 personnalités qui appellent à l'organisation du Congrès. Parmi les signataires des télégrammes en provenance des provinces arabes et de l'émigration, il y a 139 Palestiniens sur 387 Arabes. Voir : Ta'rikh Filastin fi awakhir al-'ahd al-'uthmani, 1700-1918 : qira'ah jadidah (Histoire de la Palestine : lecture nouvelle), 'Adil Manna', 358 p., Beyrouth (Mu'assassat ad-dirasat al-filastiniyya), 1999, p. 248-249.
Voir aussi «Al-Majallat at-ta'rikhiyya al-'arabiyya lid-dirasat al-'Othmaniyya» (Arab Historical Review for Ottoman Studies), Zaghouan, Tunisie, num. 3-4, déc. 1991, p. 173-187, p. 182.
[298] - Ta'rikh Filastin Al-Hadith (Histoire nouvelle de la Palestine), o.c. p. 57-58.
[299] - « La résistance arabe au sionisme », o.c. p. 383.

A l'opposé de la propagande sioniste, les Palestiniens n'ont pas tous vendu, ni profité de la vente de leurs terres.

Chapitre_16 : La terre, enjeu de la colonisation juive en Palestine

1 – Premiers appels des juifs pour l'appropriation de terres en Palestine
2 - La création du « Fonds National Juif » (The Jewish National Fund)
3 - Le « Bureau Palestine » met en œuvre la politique d'achats de terres par les juifs
4 - Bilan des achats de terres : 1909-1914
5 - Les Palestiniens n'ont pas tous vendu, ni profité de la vente de leurs terres

&&&

1 - Les premiers appels des juifs pour l'appropriation de terres, et les premières colonies en Palestine

Avant la première colonisation juive du début du XIXe siècle, les juifs ottomans résidaient notamment à Safad, Tabariyya (Tibériade), Al-Khalil (Hébron) et Jérusalem.
En 1809, 200 juifs non-ottomans, partisans de l'Association «'Âlam-Filna», émigrent à Safad et, malgré les difficultés, ils se considèrent comme des colons.
D'autres les rejoignent et leur nombre s'élève alors en 1815 à 600.
L'Association « 'Âlam-Filna » est créée par le rabbin Ilahou Ben Chloumou Zalman (1720-1797).

Les premiers militants pour l'appropriation de terres en Palestine sont des rabbins.
Le **rabbin Kalisher** propose au baron français Edmond de Rothschild (1845-1938) d'acheter des terres en Palestine.
Plusieurs institutions sont créées, dont la « Commission centrale pour la colonisation de la Palestine » en

1870, près de Yâfâ (Jaffa), sous les hospices de l'«Alliance israélite mondiale».

En 1840, le **rabbin Juda Al-Qal'i** propose la création d'un capital pour l'achat de terres en Palestine destinées exclusivement à l'implantation de juifs.
Le rabbin propose en outre la création d'une commission représentant des notables juifs, dans le but d'organiser la colonisation de la Palestine.
En 1857, le rabbin Juda Al-Qal'i va jusqu'à appeler à la création d'un Etat juif.

En 1860, le **rabbin allemand Lurj** (1821-1878) crée à Francfort l'«Association pour la colonisation de la Palestine».
Mouchy Leeb Lilinblaum (1838-1910), demeurant en Lituanie, puis en Russie, lance un appel dès 1881 pour l'achat de terres en Palestine.
Il propose (en 1883), la création de fonds familiaux pour ramasser des capitaux. Il est en cela le précurseur du « Fonds Bleu », créé par le « Fonds National Juif ». Et en 1884, **Lilinblaum** et le **rabbin Herman Shapira** (ce dernier est fils de rabbin et né en 1840 en Lituanie), envoient des propositions au congrès juif de Katowice (Silésie), pour la création d'un fonds pour l'achat de terres en Palestine.

En 1894, l'« Association sioniste de Vienne » appelle, elle aussi, à la création d'un fonds pour la colonisation, et deux ans plus tard, Theodor Herzl, dans un discours à Vienne, appelle à la constitution, en tout lieu où vivent des juifs, d'un fonds national, alimenté par des campagnes de dons[300].

Donc, les juifs commencent à implanter des colonies

---

[300] - As-Sunduq al-Qawmi al-Yahudi. Traduction en arabe de : The Jewish National Fund, Walter Lehn in association with Uri Davis, Beyrouth, Institute of Palestine Studies (Mu'assassat Addirasat al-Filastiniyya), 1990, 393 p., p. 22-23.

en Palestine dès la fin des années 70 du 19ème siècle:

a - En 1878-79, des juifs orthodoxes d'Al-Quds (Jérusalem) créent la première colonie agricole sur 3.000 dounoums [301] d'une terre qu'ils ont achetée au nord-ouest de Yâfâ. Il s'agit de la colonie de « Bith Takfa » qui fait partie aujourd'hui de Tel-Aviv. La colonie avait échoué.
b - La colonie de 14 familles immigrées russes, « Richon Litsion », voit le jour en août 1882 sur une superficie de 3.200 dounoums au sud-est de Yâfâ.
c - Deux cents immigrés roumains créent en 1882, à 30 km au sud de Haïfa, la colonie «Zakhroun Ya'qub» (à la mémoire de Jacob J. Rothschild, le père du baron Edmond). Elle s'étend sur 2.800 dounoums.
d - 50 familles roumaines créent la colonie «Ruch Bî-nâ» sur 2.500 dounoums à l'est de Safad.

Ainsi, fin 1884, huit villages nouveaux juifs sont créés, dont la population atteindra, en 1890, 2.415 personnes.
La situation de ces villages est difficile, et, sans l'aide (5 millions de livres sterling) de l'investisseur français Edmond de Rothschild, le projet aurait fait faillite[302].

2 - La création du « Fonds national juif » (The jewish national fund)

C'est à partir du 1er congrès sioniste (Bâle, 1897) que commence, de façon systématique et organisée, l'appropriation de la terre palestinienne par les juifs.

---

[301] - 1 dounoum = 1.000 mètres carrés environ. C'est l'étendue labourée en une journée soit : entre 940 et 1340 mètres carrés selon les endroits de l'Empire ottoman.
[302] - The Jewish National Fund, o.c. p. 24. De même, avant 1897, les juifs contournent l'interdiction d'entrer en Palestine en passant par le Liban et l'Egypte, où ils sont aidés par des sionistes résidant dans ces pays, The attitude of the ottoman empire toward the zionist movement 1897-1909, Hassan Ali HALLAK, Beyrouth, 1980 (en arabe), 425 p., p. 249-250.

Le rabbin Herman Shapira demande la création d'un fonds pour l'achat de terres. Cette demande est discutée en détail par le Congrès[303].
Le rabbin Herman Shapira est considéré par les sionistes comme le « père » du « Fonds National Juif ».

Cette institution, dont le rôle historique cesse après la création (1948) de l'« Etat d'Israël », est toujours vivante.
En 1949, l'« Etat d'Israel » vend au FNJ, un million de dounoums de terres palestiniennes, pour un prix de 18 millions de lires ; ces terres étaient la propriété de Palestiniens expulsés de Palestine.
Et, en octobre 1950, un million de dounoums seront vendus de la même façon au FNJ.

Ces ventes sont un subterfuge pour éviter qu'Israël soit accusé de ne pas respecter les règles internationales.
En effet, ces ventes ont lieu après la résolution 194 du Conseil de Sécurité de l'ONU (loi du retour des Palestiniens).
Le Fonds National Juif gère alors 44% des terres dont les propriétaires ont été expulsés.

L'existence du Fonds fait que les Palestiniens, qui représentent aujourd'hui 18% des habitants d'Israël, et qui ont donc la nationalité israélienne, occupent 2,5% seulement des terres de l'Etat. Ces Palestiniens sont exclus également de l'achat ou de la location de 80% des terres de l'Etat[304]. Les terres du Fonds ne sont

---

303 - The Jewish National Fund, o.c. p. 17.
304 - Miroun Ben-Fansati, Haaretz, quotidien sioniste du 5 juillet 2001, selon « Al-Quds al-'Arabi », quotidien arabe édité à Londres, du 6/07/2001. Aujourd'hui encore, cela n'a pas changé : des Palestiniens de nationalité israélienne participent à une offre de ventes de terres appartenant au « Domaine des terres d'Israel » à Jérusalem (terres auparavant confisquées aux Palestiniens).
Sur 12 mieux-disant, 8 sont Palestiniens et 4 sont juifs. La procédure de vente est stoppée car seuls des juifs peuvent bénéficier de

pas vendues mais louées aux seuls juifs pour une durée inférieure à 50 ans.

Ce sont, avant Shapira, des rabbins qui sont à l'origine de cette règle qui se base sur la croyance religieuse (« Dieu est propriétaire du peuple et de la terre »), croyance qui arrange bien les sionistes.

3 - Le « Bureau Palestine » met en œuvre la politique d'achats de terres du « Fonds national juif »

Le « Bureau Palestine » (« Palestine Office ») est institué en 1907 lors du 8-ème congrès sioniste. Le Bureau commence ses activités en 1908, à Yâfâ (Jaffa), sous la responsabilité du juif prussien Arthur Ruppin. A côté du Bureau, qui coordonne les achats de terres, en Palestine, au nom du Fonds National Juif, l'Organisation Mondiale Sioniste crée la «Société de développement des terres en Palestine», enregistrée officiellement à Londres, en 1909, avec un capital de 50000 livres sterling et dont le directeur est le même Arthur Ruppin[305].

---

ce type de terres. Affaire à suivre, voir : « Al-Quds al-'Arabi », quotidien arabe édité à Londres, du 3 août 2004.
305 - « Bina' ad-dawla al-yahudiyya 1897-1948 : al-adat al-'askariyya », (La construction de l'Etat juif 1897-1948 : les outils militaires), Walid Khalidi, Majallat ad-Dirasat al Filastiniyya (Revue d'études palestiniennes en arabe), Beyrout, num. 39, été 1999, p. 65-103, p. 68. Voir aussi : Palestine, terre des messages divins, Roger Garaudy, Paris, Albatros, 397 p., p. 180-181 et The Jewish National Fund, o.c. p. 47. La plupart des actes de la Société de développement appartiennent à : **a** - la «Banque sioniste», **b** - la «Banque anglo-palestinienne», **c** - le «Fonds national juif».
La « Banque sioniste » apporte des crédits à court terme aux commerçants, artisans et agriculteurs juifs, la « Banque anglo-palestinienne », avec sa succursale principale à Yâfâ et ses autres succursales à Jérusalem, Al-Khalil, Haïfa, Beyrouth et Tabariyya, diminue les charges liées aux impôts et à l'achat de terres, et enfin le « Fond Nnational Juif » favorise le développement. Le Fonds crée de nombreux autres fonds secondaires : « Fonds des oliviers » devenu plus tard « Fonds des arbres », « Fonds pour le logement des travailleurs », et « Fonds coopératif de colonisation ».

Le rôle du «Bureau Palestine» consiste non seulement à acheter des terres, mais aussi à implanter des colonies.

C'est l'idée de la continuité géographique, qui est à la base de l'implantation des colonies, et de la construction du futur « Etat juif ». Et ce n'est pas un hasard si cette implantation, jusqu'aux années 1930, représente sur le terrain le caractère «N» :

<u>La branche gauche du caractère «N»</u> correspond à la colonisation de la côte palestinienne entre Yâfâ (Jaffa) et Haïfa.

<u>La branche droite du caractère «N»</u> correspond à la colonisation de la région qui est située entre le lac Tibériade et les hauteurs de la vallée du Jourdain.

<u>Enfin la branche oblique du caractère «N»</u> qui relie les 2 branches, correspond à la colonisation vers la côte intérieure (Marj-Ibn-'A-mir).

Donc, la colonisation de la côte palestinienne dispose de la relation avec l'extérieur, celle des hauteurs de la vallée du Jourdain, contrôle les sources d'eau et la colonisation de « liaison », quant à elle, elle lie non seulement les 2 autres, mais elle coupe le nord de la Palestine du reste, et contrôle, l'accès est du pays, en partant de la plaine de Marj-Ibn-'Amir.

Le choix des lieux d'implantation des colonies est fixé selon leur importance stratégique. C'est ainsi que la la colonie doit être :
+ un lieu protégé naturellement pour faciliter sa défense ;

Le « Fonds national juif » permet également la construction d'écoles juives et de l'Université hébraïque d'Al-Quds (Jérusalem). Pour plus d'informations, voir : As'ad 'Abd-ar-Rahman, L'Organisation sioniste mondiale : les débuts, les institutions, les activités et les conflits (1882-1982), (en arabe), Beyrouth, Al-Mu'assasat al-'arabiyya li-dirasat wan-nashr, 1985, 272 p., p. 68-69.

+ un lieu avancé pour protéger les villes juives.
Ce lieu sera un point d'alerte en cas d'attaque ;
+ un lieu disposant de moyens d'accès faciles aux autres colonies et aux lieux de résidence juifs ;
+ enfin, un lieu-forteresse.

Plus tard, toute implantation de colonie, sera étudiée par un Etat-major secret de la « Haganah »[306].
Par exemple les sionistes ont observé que Jaffa la ville la plus grande et la plus cultivée de Palestine, était un frein à leur projet de colonisation.
Ils envoient des chercheurs et des orientalistes, pour étudier la ville. Leur conclusion est la suivante : la réussite de leur projet ne se fera qu'à condition d'encercler la ville au nord, au sud et à l'est par des colonies pour empêcher la ville de se développer, sachant que le côté ouest de la ville donne sur la mer.
Pendant la guerre de 1948, au lendemain de la création d'Israël les colonies empêchaient l'arrivée de provisions et d'armement pour les Palestiniens assiégés dans la ville.
Quant au côté maritime, il était bloqué par la marine britannique occupante[307].

En plus de sa fonction d'acquérir des terres, le Fonds National Juif attribue des crédits aux immigrés juifs, valorise des terres, construit des infrastructures dans les colonies et participe au développement de quartiers juifs dans les villes.

Cette politique du Fonds national juif est souvent cri-

---

[306] - Amine Mahmud 'Ataya, « Al-istaytan as-sahyuni fi Filastin : 1882-1991 » (La colonisation sioniste en Palestine), Al-Wahda, Rabat, Maroc, num. 99, décembre 1992, p. 43-60, p. 47. C'est le général sioniste Igal Allone qui aurait parlé de cet Etat-Major secret appartenant à la non moins secrète armée de la « Haganah ».
[307] - Encyclopédie «Yâfâ la belle» (en arabe), Ali Haçan Al-Bawwab, Mu'assasat al-'arabiyya li-dirassat wal-nachr, Amman et Beyrouth, 2004, 2 tomes, 1750 p.

tiquée, car les avoirs du Fonds sont en principe réservés, exclusivement à l'achat de terres, mais le directeur du «Bureau Palestine» répond que tout projet qui va dans le sens de la colonisation est bon. C'est ainsi que le premier projet réalisé par le « Bureau Palestine », est la construction d'une cité de logements, à la limite de Yâfâ (Jaffa), avec un prêt de 10.000 livres du Fonds.
Cette cité a pour nom : Tel-Aviv[308].

4 - Bilan des achats de terres par les juifs : 1909-1914

Les sionistes n'ont pas attendu la création du «Bureau Palestine» pour acheter des terres.
Et bien que les Autorités ottomanes interdisent aux étrangers l'achat de terres en Palestine, les juifs non-ottomans contournent l'interdiction par plusieurs moyens.
Les sionistes eux-mêmes, reconnaissent avoir utilisé, à diverses reprises, la corruption et des artifices pour accaparer les terres des fellahs palestiniens.

Alors que Herzl est en contact avec les Autorités (pour permettre l'immigration juive), l'« Association pour la colonisation juive » continue d'acheter des terres illégalement et en secret, comme Herzl lui-même, le lui recommande[309].

En 1898 l'ambassadeur britannique à Istanbul recommande à son consul à Al-Quds (Jérusalem) de détourner l'interdiction d'achat de terres, en effectuant ces

---

308 - The Jewish National Fund, o.c. p. 47.
309 - « L'expropriation volontaire sera accomplie par nos agents secrets. Nous ne vendrons qu'à des juifs. Certes nous ne pourrons pas faire cela en déclarant non valables les autres ventes. Même si cela va à l'encontre de la justice au sens du monde moderne, notre force ne suffirait pas à passer au travers », «Journal de Herzl», (12 juin 1895), in Palestine, terre des messages divins, o.c. p. 251.

achats, par des non-juifs ou par des juifs ottomans. C'était à propos de la décision de l'« Anglo-Jewish Association » d'acquérir des terres à Jérusalem[310].
Un autre moyen d'acheter des terres est de le faire au nom de juifs étrangers bénéficiant d'immunités diplomatiques.

Un certain 'Amos Iloun rapporte qu'un acte d'achat de terres est enregistré au nom d'un citoyen juif britannique de Gibraltar, Haïm Amsalagh, le vice-consul britannique à Yâfâ (Jaffa) en 1882[311].

Elie Ilyakhir, né à Al-Quds (Jérusalem), et diplômé de l'Université américaine de Beyrouth témoigne que depuis la colonisation juive hors des murs d'Al-Quds (Jérusalem), les juifs ottomans ont acquis un «savoir-faire» dans l'appropriation de terres arabes.
Les Arabes nous connaissent bien, dit-il.
Et puis, nous sommes tenus pour fidèles aux yeux des organisations juives nationalistes, qui ne peuvent pas acheter des terres parce qu'elles ne sont pas ottomanes[312].

Un autre « acheteur de terres » est devenu célèbre.
Il s'agit de Yahouchoua' Hankin (1864-1945).

Né en Russie, il arrive en Palestine en 1882. Son objectif est d'acheter des terres pour y loger des juifs en colonies.
En 1910, Hankin devient fonctionnaire de la « Société de développement des terres en Palestine », qui dépend du « Bureau Palestine ».
Ses activités très souvent illégales poussent les Autorités à l'expulser de Palestine en 1915[313].

---

310 - The attitude of the ottoman empire, o.c. p. 152.
311 - The Jewish National Fund, o.c. p. 50.
312 - Ibid, p. 49-50.
313 - Après la chute des Ottomans, Hankin retourne en Palestine et poursuit son activité d'achat de terres pour les juifs. En 1927, il

Le Fonds national juif achète, lui aussi, des terres par l'intermédiaire de juifs ottomans.

&&&

5 – Les Palestiniens n'ont pas, tous, vendu, ni profité de la vente de leurs terres[314]

Les « Tanzimat » (les Réformes) de 1856 ont, dans le domaine agricole, des conséquences néfastes pour les petits fellahs. Ceux-ci font enregistrer leurs propriétés au nom de grands propriétaires terriens ou de commerçants, car ils ne peuvent pas payer les impôts sur la terre. Ils évitent ainsi, la saisie de leurs terres par l'Etat et leur vente aux enchères.
Donc des familles riches et des commerçants profitent des «Réformes» et s'approprient les meilleures terres de Palestine, dans la plaine de Marj-Ibn-'Amir notamment.
Des familles syriennes possèdent en effet de grandes superficies de terres en Palestine, et les membres de ces familles, qui ont des fonctions dans l'Administration ottomane, vivent en majorité dans les villes.
Les fellahs en veulent à certaines familles de faciliter l'installation de colonies juives en Palestine, en leur vendant des terres.

Mais, les propriétaires terriens, dans leur grande majorité réalisent que ces ventes sont contre leurs intê-

---

propose à la Direction sioniste un plan sur 20 ans pour l'appropriation des terres palestiniennes. En 1932, il est directeur de la « Société de développement des terres en Palestine ».
On estime qu'il a participé à l'achat de plus de 60.000 dounoums (1dounoum = 1000 mètres carrés) dont la plus grande partie devient la propriété du FNJ, Ibid, p. 49.
314 - Ta'rikh Filastin Al-Hadith (Histoire nouvelle de la Palestine), Abd-al-Wahab Al-Kayyali, Beyrouth, 1985 (9 ème édition), 408 p., p. 41. Il existe une traduction française de ce livre : Histoire de la Palestine 1896-1940, Paris, L'Harmattan, 1985, 267 p. (traduit de l'anglais par Anne-Marie Abouelaazem).

rêts, ils emboîtent alors le pas au mouvement qui milite contre la vente de terres aux colons[315].

Par ailleurs, si l'on tient compte, d'une part, des superficies de terres achetées et confirmées par le Fonds national juif et, d'autre part, des recherches statistiques sur la propriété de la terre, on arrive à démystifier l'idée sioniste, selon laquelle les propriétaires Palestiniens ont vendu leurs terres aux juifs, en quantité abondante et à un prix très élevé.

En effet, le FNJ n'a acheté « que » 16.400 dounoums entre 1905 et 1914[316], et les statistiques palestiniennes, contemporaines de l'événement ou actuelles, minimisent l'importance des terres vendues aux juifs par les Palestiniens.
Un document de l'époque étudiée, nous donne une situation de la propriété de la terre palestinienne.
Il s'agit du manuscrit « La Question sioniste » (1911), déjà cité, du député d'Al-Quds (Jérusalem), Ruhy Al-Khalidi.
L'auteur du manuscrit décrit les activités des colons juifs et celles de leurs colonies en répertoriant les colonies implantées jusqu'en 1911, avec leur nom arabe, leur localisation, et le nom des propriétaires arabes qui ont vendu des terres aux colons.
Ruhy Al-Khalidi classe les propriétaires terriens qui ont vendu des terres aux juifs en quatre catégories :
+ les propriétaires absents (libanais pour la plupart) : Sarsaq, Tayan, Twini, Madur, etc. ;
+ l'Etat Ottoman : vente aux enchères de terres des

---

315 - « Al-Muwajahat al-iqtisadiyat ma'a as-sahyuniyya - at-Tamassuk bi malkiyyat al-ard : 1882-1919 » (L'affrontement économique avec le sionisme : l'attachement à la propriété de la terre : 1882-1919), Khayriyya Qasmiyya, p. 59-110, in Dirasat Tarikhiyyah, Revue historique trimestrielle de l'Université de Damas, num. 35-36, mars-juin 1990, p. 71-72.
316 - En 1914, le « Palestine Office » possède 16.400 dounoums (sur 420.000 dounoums possédés par des juifs) ; (1 dounoum = 1000 mètres accrés), The Jewish National Fund, o.c. p. 49.

fellahs qui n'arrivent pas à payer leurs impôts ;
+ les propriétaires palestiniens (les familles chrétiennes : Kassar, Ruk, Khoury, Hana, etc.), ainsi que des notables musulmans de Safad et de Ramla ;
+ les fellahs. Les terres vendues par les fellahs (trois villages) représentent une superficie de 7% des terres vendues jusqu'en 1911. (Et jusqu'en 1914, ce pourcentage ne dépassera pas les 4,3% de l'ensemble des terres vendues).

Enfin, conclut Ruhy Al-Khalidi, l'auteur du manuscrit : les juifs occupent une surface de 279.491 dounoums, répartis sur 28 villages[317].

Une étude récente démystifie davantage la question de la vente de terres palestiniennes aux juifs[318].
L'auteur de l'étude dément le slogan, selon lequel les Palestiniens auraient vendu leurs terres aux juifs.
Ce slogan est développé par les sionistes, et colporté par des écrivains et des journalistes, dont des Arabes. L'auteur de cette étude détruit ce slogan, en étudiant la propriété de la terre en Palestine :

a - jusqu'en 1948, la superficie détenue par les juifs, sans combat ni guerre, s'élève à : 2 millions de dounoums, soit 7,4% de la superficie de la Palestine qui s'élève à 27 millions de dounoums ;
b - les sionistes ont acquis ces terres de plusieurs manières :
* <u>650.000 dounoums</u> : ce total représente, d'une part ce que toute minorité ayant séjourné des centaines

---

317 - Ta'rikh Filastin Al-Hadith (Histoire nouvelle de la Palestine), o.c. p. 48-49.
318 - Khalid Al-Khalidi, «Hawla maqulat bay' al-Filastiniyyin ardihim lil-yahud» (A propos du slogan selon lequel les Palestiniens auraient vendu leurs terres aux juifs), Al-Quds al-'Arabi, quotidien arabe édité à Londres, 30/01/2004. L'auteur est directeur du Département d'Histoire et des Antiquités à l'Université islamique de Ghazza (Palestine).

d'années dans le pays aurait pu acquérir, et d'autre part, ce que les juifs ont obtenu avec l'aide des Autorités, surtout après l'arrivée des Jeunes-Turcs au pouvoir en 1908.

* <u>665.000 dounoums</u> obtenus avec l'aide des Britanniques lors du Mandat britannique sur la Palestine.
* <u>606.000 dounoums</u> achetés à des propriétaires terriens libanais et syriens.
* et seulement <u>300.000 dounoums</u> sont vendus par des Palestiniens à des juifs.

Fin du Chapitre_16

Boycottage systématique de la main d'œuvre palestinienne dans leurs terres devenues des colonies juives.

Chapitre_17 : L'appropriation de la terre par les juifs est un facteur de mobilisation de la population palestinienne

La mobilisation de la population, on l'a vu ci-dessus, est insufflée par la presse, l'action des députés au parlement et l'activité des partis et des associations.

La possession de la terre palestinienne par les juifs ne se limite pas seulement à la terre, elle s'accompagne de l'exclusion des fellahs palestiniens, qui y travaillent et leur remplacement, par la main d'œuvre immigrée juive.

Les colonies deviennent des forteresses occupées exclusivement par des juifs, qui s'organisent en groupes d'autodéfense, puis en groupes paramilitaires.

§§§

1 - Manifestations palestiniennes contre la vente de terres.
2 - A propos de la vente par les « Jeunes-Turcs » des terres du Sultan.
3 - La main d'œuvre dans les colonies juives.

&&&

1 - Manifestations palestiniennes lors des ventes de terres aux juifs

Les attaques des Palestiniens contre les colonies juives, considérées au début, comme des actes de brigandage, sont de plus en plus prises au sérieux.

Les premiers affrontements entre les fellahs et les colons juifs remontent à 1886.
Des fellahs, expulsés d'Al--Khudyra et de Batah Tikfal (Malbas), attaquent des colons.

D'autres affrontements auront lieu en 1892[319].

Les Palestiniens attaquent les géomètres et les techniciens qui prennent en charge les terres achetées par les juifs[320].

En 1903, des Palestiniens se fâchent contre les grands propriétaires qui vendent des terres aux juifs, car ces terres doivent être vendues, «vidées» de leurs fellahs. Ceux-ci comprennent que l'immigration juive est dangereuse, car, parmi les immigrés, il y a des juifs non religieux[321].

La tension augmente à la suite de l'occupation de surfaces de plus en plus vastes par les colons juifs :
Exemple : dans le district de Tabariyya, au cours des années 1899-1902, lorsque ces mêmes colons recourent, exclusivement, à la main d'œuvre juive en boycottant la palestinienne et en expulsant celle qui y travaillait avant leur arrivée[322].

Le 16 mars 1908, des échauffourées ont lieu à Yâfâ entre des sionistes et des Palestiniens : 1 Palestinien

---

319 - Ta'rikh Filastin Al-Hadith (Histoire nouvelle de la Palestine), Abd-al-Wahab Al-Kayyali, Beyrouth, 1985 (9-ème édition), 408 p., p. 41. Il existe une traduction française de ce livre : Histoire de la Palestine 1896-1940, Paris, L'Harmattan, 1985, 267 p. (traduit de l'anglais par Anne-Marie Abouelaazem).
320 - « Dawr assahafa al-'arabiyya fi muqawamat as-sahyouniyya (1897-1914) (Le rôle de la presse arabe dans la résistance au sionisme), Docteur Ismaïl Ahmad Yaghi, Revue d'Histoire maghrébine, Tunis, num. 57-58, juillet 1990, pp. 523-561, p. 543.
321 - The attitude of the ottoman empire toward the zionist movement 1897-1909, Hassan Ali HALLAK, Beyrouth, 1980 (en arabe), 425 p., p. 149.
322 - Un juif rapporte : « Depuis que les colonies du nord avaient adopté comme position politique le remplacement de toute la main d'oeuvre arabe par des juifs, la sensation de vivre une intrusion de colons juifs vivant parmi les Arabes sans en faire partie devenait encore plus aiguë », Nathan Weinstock, « Le mouvement ouvrier juif en Palestine avant 1914 », Revue d'Etudes Palestiniennes, Paris, num. 12, été 1984, p. 51-63, p. 59.

et 13 juifs sont tués.
Suite à ces échauffourées, le vice-gouverneur de Yâfâ (Jaffa) est convoqué par le gouvernement central[323].

Le conflit, entre les fellahs et les colons juifs, s'élargit encore davantage, lorsque des droits en usage, chez les fellahs sont contestés. On peut citer deux cas :
+Le premier concerne le «droit au pâturage» en usage en Palestine.
Lorsqu'un fellah est occupé à moissonner, n'importe qui peut faire paître son troupeau dans la partie moissonnée du champ. Les colons juifs voient dans cet usage une atteinte au droit de propriété.
+Le deuxième exemple concerne l'eau.
Les fellahs considèrent les sources d'eau comme un bien naturel et mises à la disposition de tous, les Autorités étant chargées de leur entretien.
Les colons, quant à eux, ils considèrent, les sources qu'ils aménagent, comme leur propriété, eau comprise[324].

Après la Révolution des «Jeunes-Turcs» (1908) les attaques des Palestiniens contre des colonies juives et leurs actions, contre la vente de terres aux juifs, prennent un caractère politique.

Pendant l'année 1913, des fellahs envahissent des colonies juives à Tabariyya, Al-Khalil (Hébron) et à Yâfâ (Jaffa).
L'incident le plus grave se déroule en juillet 1913, lors de la bataille entre le village de Raznouqa et la colonie de Dîrân (Rah-bût).

---

323 - Avant leur diaspora. Une histoire des Palestiniens par la photographie : 1876-1948, Walid Khalidi, Paris, Les éditions de la Revue d'Etudes Palestiniennes, 1986, 350 p., paragraphe : Chronologie. Voir également : « Dawr as-sahafa al-'arabiyya », Ismail Ahmed, o.c. p. 543 et 537.
324 -Da'wa naz' al-malkiyya (La dépossesion de la terre palestinienne) 1878 à 1948), traduction de Bachir Charif al-Barghouti, Amman, 1986, 285 p., p. 74.

Des armes à feu sont utilisées, il y aura des morts des deux côtés.
Les sionistes profitent de cet incident pour donner des villageois une image de sauvages[325].

L'attaque des colonies par les Palestiniens, et la protestation de ceux-ci auprès des Autorités ottomanes, détournent, momentanément l'émigration des juifs de Russie et d'Allemagne, vers les USA, au lieu de la Palestine[326].

2 - A propos de la vente des terres du Sultan par les « Jeunes-Turcs »

Après la destitution (1909) du Sultan Abdul-Hamid-II, ses terres (Al-Janâlik As-Sultaniyya), sont transférées au trésor public. Ces terres, d'une superficie considérable, se répartissent entre les wilayats de Syrie, d'Iraq et d'Al-Jazira.

Fin 1910, Najib Ibrahim Al-Asfar, ancien membre du Conseil d'administration de Beyrouth demande une licence au ministère des Finances, dans le but d'exploiter ces terres pour une période de 100 ans, contre une très forte somme.
Les journaux de Palestine et de Syrie pensent que les sionistes sont derrière le projet, parce qu'ils lorgnent les terres du Sultan situées en Palestine (Ghur, Bîçân, Arîha)[327].
En été 1913, de vives protestations de Palestiniens se déroulent à Bîçân, contre la vente des terres de l'Etat aux juifs étrangers.
Manifestations également à Naplouse.

Par ailleurs, de jeunes Palestiniens brûlent des arbres

---
325 - « Dawr as-sahafa al-'arabiyya, Ismaïl Ahmad », o.c. p. 553.
326 - Attitude ottomane, o.c. p. 252.
327 - « Al-Muqtabis » (10/12/1910) et « Al-Karmil » 21-03-1913.

plantés en souvenir de personnalités sionistes en visite en Palestine, cette année-là[328].

Les revues « Filastin » et «Al Karmil» appellent à l'action contre le projet du Gouvernement de vendre aux enchères les terres du Sultan (détrôné).
Le projet est appelé « Projet al-Asfar ».
La revue « Filastin » publie en juin 1913 la copie de 2 télégrammes adressés, au nouveau Sultan et au Wali de Beyrouth, par les Chefs de village de Biçan, les tribus et les notables.
Dans ces missives, on rappelle que les terres en question, avaient été confisquées, et mises au nom du Sultan (détrôné), et que l'Etat pense les liquider, en les vendant aujourd'hui à des étrangers.
On déclare également, qu'ils préfèrent mourir pour la défense de leur peuple et défendre leurs terres au lieu de les quitter et mourir de faim.

Dans un autre article, de la même revue «Filastin» on suggère la création d'une « Société nationale palestinienne des terres », financée par des Palestiniens fortunés, afin d'acheter les terres non exploitées.
En conclusion, l'auteur de l'article appelle, à l'unité de la population, à l'entraide et à la défense du pays[329].

De son côté la revue «Al Karmil» du 7 juillet 1913 lance la mise en garde suivante : « Acceptez-vous de devenir esclaves des sionistes, qui sont venus pour vous expulser de votre terre, prétendant que c'est la leur ? Syriens, Arabes, musulmans, acceptez-vous cela ? Ce sera notre mort, si nous les laissons faire»[330].

---

328 - « Dawr as-sahafa al-'arabiyya, Ismaïl Ahmad », o.c. p. 553.
329 - Ta'rikh Filastin Al-Hadith (Histoire nouvelle de la Palestine), o.c. p. 56.
330 - Docteur Khayriyya Qasmiyya, « Al-Muqâwama al-'arabiyya li-sahyunuiyya awakhir al-'ahd al-'uthmani 1908-1917 - al-ittijahat ar-raïsiyya », (« La résistance arabe au sionisme »), voir : Revue d'Histoire Maghrébine, Tunis, num. 29-30, 1983, p. 373-394», p. 379).

L'action de la presse et des députés arabes contre le «Projet al-Asfar» des Autorités est l'occasion pour les Palestiniens d'unifier leurs efforts, contre les sionistes et d'organiser un rassemblement important à Naplouse en été 1914.
Le gouverneur de Beyrouth retire, finalement le « Projet al-Asfar »[331].

Par ailleurs, le Conseil administratif de Naplouse adopte, de son côté, une attitude militante dans la lutte contre le sionisme. Il décide d'interdire toute vente de terres aux sionistes dans la région, suite à la demande de ces derniers de séparer des villages de la région de Naplouse, pour les rattacher à celle de Yâfâ (Jaffa).

Après ces actions, des tracts sont distribués à Jérusalem pour attirer l'attention des Palestiniens sur le danger sioniste. Dans ces tracts on demande :
+ l'arrêt de l'immigration juive ;
+ l'affermissement de l'industrie et du commerce national ;
+ l'interdiction de vendre des terres aux juifs ;
+ prévenir toute émigration de Palestiniens hors de Palestine[332].

3 - La main d'œuvre dans les colonies juives

La 2ème vague de migrants juifs débarque en Palestine à partir de 1904-1905.
Ils sont originaires principalement de Lituanie de Russie et de Roumanie.
Les juifs qui arrivent de Russie après l'échec de la Révolution russe de 1905 sont des militants socialistes. Leurs mots d'ordre sont : « servir le peuple par la conquête du travail sur la terre ancestrale » et « régénération par le travail manuel».

---

331 - «Dawr as-sahafa al-'arabiyya, Ismaïl Ahmad», o.c. p.552-3.
332 - Ibid, p. 558.

Comme ils ne trouvent pas de travail, ces socialistes pratiquent un « boycottage systématique de la main d'œuvre arabe dans les colonies sionistes »[333].

Cette 2ème vague d'immigration se trouve confrontée avec la 1ère vague.
La 1ère vague, arrivée en Palestine, après 1882, vit de l'aide du baron Edmond Rothshild et emploie de la main d'œuvre palestinienne[334].

Voici comment Weizman, le futur premier Président d'Israël (qui a visité la Palestine en 1907), juge la première vague de migrants juifs :

«Du point de vue historique ils avaient représenté l'attachement éternel des juifs à la Palestine, mais, à l'époque qui devait voir la reconstruction du foyer national juif, ils incarnaient un élément inutile et retardateur»[335].

En effet, il y a 2 catégories de colons juifs, les juifs traditionalistes ou intégristes et les juifs de culture européenne. Ces derniers, sont racistes comme le sont les autres colons européens, qui occupent des pays à travers le monde.

---

333 - « Le mouvement ouvrier juif en Palestine avant 1914 », o.c. p. 55.
334 - Exemples : les 200 colons de la colonie « Zakhroun Yaqub » fondée en 1882, font travailler en 1889, 1200 Palestiniens. Dans la colonie « Ritchon Litsioun », où vivent 40 familles juives, travaillent 1300 familles palestiniennes, As-Sunduq al-Qawmi al-Yahudi. Traduction en arabe de : The Jewish National Fund, Walter Lehn in association with Uri Davis, Beyrout (Liban), Institute of Palestine Studies (Mu'assassat Addirasat al-Filastiniyya), 1990, 393 p., p., 51-52.
Le baron de Rothschild crée en 1883 l'« Association juive pour la colonisation » dont le but est l'achat de terres en Palestine et leur distribution aux colons juifs à des conditions très avantageuses.
335 - Weizmann Chaïm, Naissance d'Israel, (Trial and Error), Paris, Gallimard, traduit de l'anglais, 1957 (sixième édition), 551 pages, p. 153.

En 1906 Ben Gourion futur Premier ministre de l'« Etat sioniste », crée avec d'autres chefs sionistes, la branche du parti « Bou'ali Tsyone »[336]. Un des objectifs de cette branche est de se passer de la main d'œuvre arabe. Le travail dans les colonies est réservé aux juifs, et le slogan «Travail juif» devient un mot d'ordre syndical[337].

Le «Bureau Palestine» de son côté, encourage la politique d'autonomie économique des nouvelles colonies et critique l'emploi de la main d'œuvre palestinienne, par les « Amants de Sion » et les premiers colons[338].

Au même moment, le parti de Ben Gourion renonce à la lutte des classes.
Cette décision s'accorde avec la politique du « Bureau Palestine » et du « Fonds national juif »[339].
La colonie doit compter sur elle-même, et ne pas employer de main-d'œuvre palestinienne.
Donc, rencontre des idées d'Arthur Ruppin et de Ben Gourion.
C'est de cette trouvaille, que se développe l'application sur le terrain, du caractère raciste du sionisme.

La décision des colons de remplacer les ouvriers et les gardiens palestiniens des colonies, par du personnel juif donne lieu à une confrontation en avril 1909 entre des Palestiniens et des colons de Sajra. Le conflit se déroule dans le nouveau contexte de la « Révolution Jeune-Turque ».

---

336 - Le parti «Bou'ali Tsyone», socialiste marxiste, d'origine russe et mondialiste. Une organisation locale de ce parti est née dans la deuxième vague d'immigration, avec pour chefs Isaac ben Tasfi et David Ben Gourion, « Bina' ad-dawla al-yahudiyya 1897-1948 : al-adat al-'askariyya » (La construction de l'Etat juif 1897-1948 : les outils militaires), Walid Khalidi, Majallat ad-Dirasat al Filastiniyya (en arabe), Beyrout, num. 39, été 1999, p. 65-103, p. 68.
337 - The attitude of the ottoman empire, o.c. p. 192-194.
338 - The Jewish National Fund, o.c. p. 47.
339 - «La construction de l'Etat juif 1897-1948 : les outils militaires», Walid Khalidi, o.c. p. 68.

Trois Palestiniens de « Sajra » sont morts (un tué par balles) et un juif de Haïfa est blessé. Et en mai de la même année, un colon est tué à Bayt Ghan[340].

La politique d'apartheid vis-à-vis de la main d'œuvre palestinienne aboutit parfois à des résultats cocasses.

Certains colons remplacent la main d'œuvre palestinienne par des juifs du Yémen. Mais ceux-ci, non-européens, sont cantonnés dans des quartiers spéciaux à l'intérieur des colonies.
On rappelle alors la main d'œuvre palestinienne[341].

La première colonie juive qui applique le boycott de la main d'œuvre palestinienne est une « colonie collectiviste » (kibouts), appelée « Daghaniya ».
Entre 1909 et 1914, 12 « kibouts » sont créés. Ce sont les premières colonies du genre[342].

Le «Fonds national juif» aide aussi, les colonies de la première génération d'immigrés, à condition d'employer exclusivement de la main d'œuvre juive[343].

Le boycott de la main d'œuvre palestinienne par les colons juifs est dénoncé par certains sionistes qui pensent qu'avec cette attitude, le sionisme se dirige vers l'impasse.

Akhad Ha'am, (pseudo d'Asher Ginsburg), adresse le 18 novembre 1913, une lettre à Moshé Smilansky (un

---

340 - Ta'rikh Filastin fi awakhir al-'ahd al-'uthmani, 1700-1918 : qira'ah jadidah (Histoire de la Palestine : lecture nouvelle), 'Adil Manna', 358 p., Beyrouth, (Mu'assassat ad-dirasat al-filastiniyya), 1999, p. 256.
341 - Attitude ottomane, o.c. p. 251-252.
342 - The Jewish National Fund, o.c. p. 52.
343 - Le FNJ cède 240.000 francs à la Banque anglo-palestinienne qui accorde des crédits à des colons propriétaires de terres à condition d'employer de la main d'œuvre juive, (ces terres n'appartenant pas nécessairement au FNJ), Ibid, p. 53.

colon) à propos du boycott pratiqué par le mouvement ouvrier vis à vis de la main d'œuvre palestinienne :
«Indépendamment du danger politique, je ne puis admettre l'idée, que mes frères soient, moralement capables d'agir, de la sorte envers des gens, d'un autre peuple ; et involontairement, une idée me vient à l'esprit : s'il en est ainsi maintenant, quelle sera notre religion, vis à vis des autres, si vraiment, à « la fin des temps » nous acquérons le pouvoir en Eretz-Israel ?
Si ceci doit être le Messie, je préférerais qu'il ne vienne pas»[344].

Un autre juif, Jitbowsky, déclare, en 1914 en visitant la Palestine :
« Nous qui combattons partout toute espèce de boycott ou de chauvinisme n'avons pas le droit de soutenir un slogan qui institue une discrimination de principe entre le travailleur juif et le travailleur non juif»[345].

Le boycott pratiqué par les juifs, ne se limite pas à la main d'œuvre palestinienne, il vise l'ensemble de l'activité économique du pays.

Le 11 avril 1914, la revue «Filastin» publie un important article sur le boycott économique :
Des pressions sont exercées par les sionistes, par l'intermédiaire de la « Banque anglo-palestinienne », sur les commerçants palestiniens signataires d'un télégramme de protestation contre les sionistes.
L'article signale le nom de ces signataires et la renonciation à leur signature, afin que la banque suspende ses mesures contre eux.
Un seul commerçant refuse de revenir sur sa signature. Il subira le boycott de la banque.
Le journal ajoute que l'arme du boycott utilisée par les sionistes n'est pas nouvelle, « les sionistes n'achè-

---

[344] - « Le mouvement ouvrier juif en Palestine avant 1914 », o.c. p. 60.
[345] - Ibid, o.c. p. 58.

tent pas chez les musulmans et les chrétiens, et il est très rare de voir figurer un travailleur palestinien dans les projets juifs »[346].

Enfin la discrimination règne également au niveau des salaires des ouvriers agricoles.
Dans les colonies qui emploient de la main d'œuvre palestinienne, l'ouvrier palestinien gagne 2 fois moins que l'ouvrier juif, avec en plus des conditions de travail extrêmement dures.
C'est ainsi qu'en 1912, « c'est l'Arabe qui fait tout à Metoullah ; c'est l'Arabe qui laboure et l'Arabe qui sème ; c'est l'Arabe qui récolte et transporte le grain et c'est l'Arabe qui bat le grain. Le colon juif à Metoullah n'est, généralement, qu'un surveillant et, dans la plupart des cas, c'est un très mauvais surveillant d'ailleurs ».
En 1912, l'ouvrier juif gagne souvent 2 F par jour, le Palestinien rarement plus de 1 F par jour[347].

Fin du Chapitre_17

---

[346] - Ta'rikh Filastin Al-Hadith (Histoire nouvelle de la Palestine), o.c. p. 66.
[347] - « Le mouvement ouvrier juif en Palestine avant 1914 », o.c. p. 55.

Dès 1907, les juifs commencent à constituer une armée.

Chapitre_18 : La militarisation des colonies juives

1 - Les premiers mouvements sionistes annoncent déjà une occupation armée de la Palestine
2 - Naissance de l'armée sioniste

&&&

1 - Les premiers mouvements sionistes annoncent déjà une occupation armée de la Palestine

Les sionistes comprennent vite qu'ils ne peuvent s'installer en Palestine, sans l'usage de la force.
Et les colons qui débarquent en Palestine, à partir de 1904-1905, seront les précurseurs de la future armée sioniste secrète, la Haganah.
A l'origine de la création de cette armée, il y a 2 mouvements de colons, le «Hapoël-Hatzaïr» (le Jeune Travailleur), et le «Poaley-Tsiyon» (Ouvriers de Tsiyon).

Le mouvement « Hapoël-Hatzaïr » (le Jeune Travailleur) est fondé après 1905. Formé à l'origine, de 90 membres, il milite pour la régénération humaine, par le travail de la terre.
Le mouvement est opposé au socialisme, à la lutte des classes et à l'internationalisme. Il s'oppose à toute action en milieu urbain.
Le mouvement a organisé l'immigration de 1500 juifs yéménites environ qui seront chargés notamment des travaux les plus pénibles de la colonisation[348].

Quant au 2ème mouvement, le «Poaley-Tsiyon» (Ouvriers de Tsiyon), il est fondé en 1906 par une soixantaine de juifs. C'est un mouvement socialiste orthodo-

---

[348] - « Nathan Weinstock, « Le mouvement ouvrier juif en Palestine avant 1914 », Revue d'Etudes Palestiniennes, Paris, num. 12, été 1984, p. 51-63, p. 56-57.

xe, mais qui est pour le travail réservé aux juifs dans les colonies.
Il refuse de rompre avec l'aile bourgeoise du sionisme, renonce à l'emploi du yiddish pour adopter l'hébreu et s'oriente vers la fondation de colonies juives collectivistes.

Le penchant vers la « construction nationale », au lieu de la « lutte des classes » rapproche les deux mouvements : « Hapoël-Hatzaïr » et « Poaley-Tsiyon ».
Lors d'une conférence du « Poaley-Tsiyon » (Ouvriers de Tsiyon), en 1913, on disait :
« Le socialisme n'est pas seulement une doctrine de la destruction de ce qui existe. En 'Eretz-Israel', il n'y a rien à détruire, il s'y trouve un vaste champ pour les créations nouvelles »[349].

Donc, en Palestine, les socialistes se conduisent de la même façon que les colons européens, dans les autres colonies à travers le monde.

2 - Naissance de l'armée sioniste

Une association secrète de 10 membres, plutôt milice, appelée « Barghioura », est fondée en 1907, dans la première colonie collectiviste sioniste.
En 1909, la «Barghioura» décide de rendre obligatoire l'emploi de la main d'œuvre, exclusivement juive dans les colonies, et d'en expulser la main d'œuvre palestinienne.
La «Barghioura» constitue avec les militants du « Poaley-Tsiyon » (Ouvriers de Tsiyon), le noyau actif de l'association d'autodéfense juive : le «Hachumir» (Le

---

349 - Ibid, p. 57. Les 2 branches du mouvement ouvrier juif portent leurs efforts sur le travail agricole.
Deux associations sont créées : l'«Association des travailleurs agricoles de Judée» (1911) et l'«Association des travailleurs agricoles de Galilée» (1912), Ibid, p. 58.

Gardien).

L'organisation «Hachumir» fait le lien entre la colonisation agricole et l'apprentissage militaire.

Elle jette les fondements de la « Haganah », dans les années 1930, de la « Balmah », dans les années 1940, puis de « Nu'ar Halutsy Luhim » (N.H.L) (Organisation de la jeunesse combattante d'avant-garde)[350].

Des colons juifs rêvent d'une «légion juive», qui s'emparerait de la Palestine. Leur but est de profiter de la guerre 1914-1918, pour constituer une armée afin de lutter contre les Ottomans, et participer avec les Anglais à l'occupation de la Palestine.

En 1914, les Palestiniens perdent l'espoir de voir les Autorités ottomanes prendre des décisions contre l'agression sioniste. Ils considèrent les sionistes comme des alliés des Ottomans, face à la Renaissance arabe. Max Nordau, le responsable de l'Organisation Sioniste Mondiale, n'a-t-il pas promis que les sionistes se proposeraient, de prendre la défense de l'Empire ottoman contre le monde arabe, en créant un Etat juif fort en Palestine ?[351].

Les Palestiniens s'organisent, afin de ne plus compter que sur eux-mêmes.

C'est ainsi que les nombreuses organisations secrètes arabes (par exemple « Al-'Ahd », « Al-Fatat ») comp-

---

[350] « Bina' ad-dawla al-yahudiyya 1897-1948 : al-adat al-'askariyya », (La construction de l'Etat juif 1897-1948 : les outils militaires), Walid Khalidi, Majallat ad-Dirasat al Filastiniyya, Beyrout, (Revue d'études palestiniennes en arabe), num. 39, été 1999, p. 65-103, p. 69-70. Citant Zeef Schiff, A History of the Israeli Army (1870-1974), San Francisco, 1974.

[351] - The attitude of the ottoman empire toward the zionist movement 1897-1909, Hassan Ali HALLAK, Beyrouth, 1980 (en arabe), 425 p., p. 257-258. Voir également : « Dawr assahafa al-'arabiyya fi muqawamat as-sahyouniyya (1897-1914) (Le rôle de la presse arabe dans la résistance contre le sionisme), Docteur Ismaïl Ahmad Yaghi, Revue d'Histoire maghrébine, Tunis, numéros 57-58, juillet 1990, pp. 523-561, p. 556.

teront un grand nombre de palestiniens.

Dans les sept premiers mois de 1914, avant le début de la guerre, la presse arabe et la presse palestinienne jouent un rôle considérable dans la prise de conscience de l'opinion et dans la préparation d'actions organisées et coordonnées contre les sionistes.

La presse s'en prend à ceux, qui ne pensent qu'à leurs intérêts personnels et immédiats, et ne voient pas le danger sioniste, et elle déclare que « celui qui possède la terre et commande l'économie, est le vrai maître du pays, et le maître politique ne peut que dépendre de lui »[352].

Fin du Chapitre_18

---

352 - Ta'rikh Filastin Al-Hadith (Histoire nouvelle de la Palestine), Abd-al-Wahab Al-Kayyali, Beyrouth, 1985 (9 ème édition), 408 p., p. 63. Il existe une traduction française de ce livre : Histoire de la Palestine 1896-1940, Paris, L'Harmattan, 1985, 267 p. (traduit de l'anglais par Anne-Marie Abouelaazem).

Le projet sioniste, à la veille de 1914, est un projet complet. Il est prêt à servir pour l'occupation de la Palestine et l'expulsion de ses habitants.

Chapitre_19 : Bilan de la colonisation juive à la veille de la guerre 1914-1918

L'opposition des Autorités ottomanes, malgré tout, et de la population palestinienne, à l'achat de terres par les colons juifs, ne permet pas au «Bureau Palestine» d'acquérir beaucoup de terres en Palestine.
La résistance palestinienne n'a pas permis, non plus, aux sionistes de profiter de l'avantage de l'arrivée au pouvoir en 1908 des « Jeunes-Turcs ».

Et même si les efforts et les projets du «Bureau Palestine» et de la «Société de développement des terres en Palestine», ont aidé à l'arrivée de 40.000 juifs en Palestine, entre 1904 et 1914, ceux-ci rencontreront des obstacles à leur implantation.
En effet, 85% des immigrants arrivés dans les années 1905-1906 repartiront[353].
On remarquera aussi les difficultés à recruter des émigrés juifs vers la Palestine : en 1905, 300.000 juifs qui arrivent en Algérie et en France, prennent la nationalité française[354].

Mais l'action d'Arthur Ruppin, chef du «Bureau Palestine» a tracé le cadre de la future colonisation sioniste. Le projet sioniste, à la veille de 1914, est un projet complet. Il est prêt à servir pour l'occupation de la Pa-

---

[353] - Notons que 25.000 juifs arrivent en Palestine entre 1882 et 1904, As'ad 'Abd-ar-Rahman, L'Organisation sioniste mondiale : les débuts, les institutions, les activités et les conflits (1882-1982), (en arabe), Beyrout, (Al-Mu'assasat al-'arabiyya li-dirasat wan-nashr), 1985, 272 pages, p. 68-69.
Ces obstacles sont dus au manque d'emploi, à l'absence de savoir-faire, à la concurrence des travailleurs palestiniens et aux difficultés d'acquisition de nouvelles terres.
Voir : Naissance du sionisme politique, présenté par Yohanan Manor, Paris, 1981, 278 p., p. 178-179.
[354] - The attitude of the ottoman empire toward the zionist movement 1897-1909, Hassan Ali HALLAK, Beyrout, 1980 (en arabe), 425 p., p. 217. Paris compte 75.000 juifs en 1905, Ibid.

lestine et l'expulsion de ses habitants. Le projet n'attend plus que des conditions politiques favorables, et les moyens nécessaires pour être réalisé.

Weizman, futur premier Président d'Israël, pense que les années 1906-1914, étaient décisives pour la colonisation de la Palestine.
C'était une prise de contact avec la réalité, « de sorte qu'après la «Déclaration Balfour», nous ne nous trouvâmes pas en face de notre tâche comme des débutants »[355].

Il faut démystifier cependant la force des sionistes car la résistance palestinienne à la colonisation est forte. Et le sort de la Palestine ne sera tranché, qu'après la Déclaration Balfour en 1917, et le Mandat britannique sur la Palestine, en 1922.
C'est l'intervention des 2 grandes puissances de l'époque, la France et l'Angleterre, qui réalise la colonisation de la Palestine, par procuration.

A la veille de la guerre 1914-1918, on compte 47 colonies juives en Palestine.
(Voir : Annexe_4 (p.194) : Bilan de l'implantation des colonies juives en Palestine.

Fin du Chapitre_19 et de l'Etude

---

[355] - Weizmann Chaïm, Naissance d'Israel, (Trial and Error), Paris, Gallimard, traduit de l'anglais, 1957 (sixième édition), 551 pages, p. 150.

Annexes

Annexe_1: Repère succinct sur la population juive (p.189)
Annexe_2: Une colonie, un siècle après son implantation (p.190)
Annexe_3: Les colonies juives installées en Palestine. Situation en 1897 (p.191)
Annexe_4: Bilan de l'implantation des colonies en Palestine (carte) (p.194)
Annexe_5: Quelques mots sur Najib Nassar (p.197)
Annexe_6: Najib 'Azuri (p.198)
Annexe_7: Questions d'émigration et de population (p.199)
Annexe_8 : A propos du sionisme chrétien (p.202)
Annexe_9 : Quelques projets d'implantation de colonies juives (p.205)
Annexe_10 : Associations et partis dans la lutte contre le sionisme (p.208)
Annexe_11 : La presse palestinienne au début du vingtième siècle (p.214)

§§§

Annexe_1 : Repère succinct sur la population juive

En 1099, les Croisés interdisent aux juifs d'émigrer en Palestine, après les avoir massacrés à Al-Quds (Jérusalem). C'est Saladin, victorieux des Croisés à Hattin, (1187) qui autorise les juifs à revenir à Al-Quds (Jérusalem) libéré.

Sous les Mamelouks (1250-1517), les juifs ont leurs propres juridictions et assurent eux-mêmes leurs tribunaux. Avec le temps, ils s'intègrent dans la société arabe (langue, coutumes). En Palestine leur nombre est réduit.

Au 16ème siècle, les juifs expulsés d'Espagne, ou persécutés en Europe, sont reçus par les Ottomans, en particulier, sous les sultans Bayazid II (1481-1512) et Salim II (1566-1574).

En 1839, les Autorités ottomanes accordent aux juifs ottomans les droits civiques, bien avant l'Angleterre, l'Allemagne, etc.

En Europe, les juifs sont persécutés pendant de nombreux siècles. Avec la Révolution française de 1789, leur sort en France s'améliore nettement : leur discrimination est abolie et leur intégration se réalise progressivement (Adolphe Crémieux sera ministre, Rothshild sera député, etc.).
L'exemple de la France génère un courant favorable à l'assimilation des juifs en Europe de l'Ouest (émancipation des juifs allemands, 1848), ce qui n'est pas le cas en Europe de l'Est.

Les sionistes développeront leur doctrine sur le nationalisme juif, dans les milieux juifs non assimilés de l'Europe de l'Est.

§§§

Annexe_2 : Une colonie, un siècle après son implantation

Parlons de l'une de ces colonies juives, qui un siècle après son implantation, défrayera la chronique.

Il s'agit du village palestinien «'Uyûn Qârrat», (district de Yâfâ (Jaffa), disparu en 1882. Il est remplacé par la première colonie agricole juive « Rishon-le-Zion » (Les premiers à Sion). A la place des habitants du village, des colons juifs en provenance de Russie, aidés par le consulat britannique, s'installent sur une superficie de 3.330 dounoums, (1 dounoum =1000 M^2).
Plus tard, le baron Edmond de Rothschild financera à concurrence de 25.000 francs français des projets agricoles dans la colonie.

Celle-ci ne cesse de croitre sur le compte des terres arabes limitrophes pour atteindre en 1990 une superficie de 44.000 dounoums.
Une centaine d'habitants seulement peuplait la colonie lors de son implantation et, un siècle plus tard, la colonie compte 58.600 personnes.

Et, un dimanche de mai 1990 (le « Dimanche noir »), un habitant, Âmî Bubar «produit» de cette colonie tue de sang-froid, 8 Palestiniens et en blesse une dizaine.

Ainsi, plus d'un siècle plus tard, un crime évoque le crime originel.

<u>Source :</u>
Al-Yawm as-Sabi', hebdomadaire, 4 juin 1990. Pour d'autres informations sur cette tuerie, voir le dossier «La tuerie de Rishon-le-Zion», éléments rassemblés par le professeur Israel Shahak, président de la Ligue israélienne des Droits de l'Homme, Rev. d'Etudes Palestiniennes, Paris, num. 37, 1990, p. 46-60.

§§§

Annexe_3 : Les colonies juives installées en Palestine. Situation en 1897

Source : Revue Al-Machreq, num. 23, 1er décembre 1899, et la revue « l'Association palestinienne », The Attitude of the ottoman empire toward the zionist movement 1897-1909, Hassan Ali Hallak, Beyrouth, 1980, 425 pages, p. 376-378.

@@@

D'après son propre témoignage et celui des revues de l'époque, le père Henri Lamens localise, en 1897, les colonies juives dans cinq régions de Palestine :

a- Yâfâ (Jaffa)
L'association russe «Aide aux agriculteurs et artisans en Palestine et en Syrie» qui fait partie du mouvement « Les Amants de Sion », crée une section à Yâfâ en 1891. Il y a 6.000 juifs à Yâfâ concentrés dans le quartier «Al Manchiyya».

b- Environs de Yâfâ
1- Manzil Israel (créée par Charles Netter en 1870).
2-Rishon-le-Zion ('Uyûn Qârrat), (créée par des Russes en 1882, et gérée par les services du baron Edmond de Rothschild).
3- Malk Rawbin (créée par le rabbin Rawbin).
4-Kharbat Diran (créée en 1890 par des notables russes près de Ramla).
5- Mahattat 'Âqar (créée par Edmond de Rothschild en 1883, près de Ramla).
6- Qatrâ (créée par les « Amants de Sion » en 1884).
7- Qastina (créée par le baron Edmond Rothschild en 1888 pour les juifs de Bessarabie).
8- Om Labich (Malbas) (occupée en premier en 1878 par des juifs d'Al-Quds (Jérusalem), puis par des juifs russes en 1882 (gestion des « Amants de Sion »).

c- Ville d'Al-Quds (Jérusalem)
1-Nahlat Chab' (1869).

2- Ibn Ya'qub (1870).
3- Maçakin Israel (1876).
4- Muthkirat Moshé (1880).
5- Ouhil Moshé (Khaymat Moshé) (1883).
6- Skut Shaloum (1887).
7- Bayt Yahuda (1888).
8- Cha'r Vana (1890).
9- Buyut Timan (1890, pour les juifs du Yémen).

d- <u>Environs d'Al-Quds (Jérusalem)</u>
1- Baït Nathan, à côté de la Porte de Sion, à Al-Quds (Jérusalem), est créée par Moses Montefiore et réservée aux juifs de l'Europe du Nord (Ashkénazes).
2- Yamin Musa, à côté de la Porte de Sion, à Al-Quds (Jérusalem), est créée par Moses Montefiore et réservée aux juifs de l'Europe du sud (Séfarades).

e- <u>Safad et Bilad Bichara</u>
L'association Hajlilim (Les Grands) est créée à Safad en 1891.

+++ Colonies de la région de Safad :
1- Ruch Vana (1882).
2- 'Aïn az-Zaytoun (1890).
3- Mahnaïm (entre Safad et Bichara).
4- Jasr al Urdun.
5- Machmar Hirdun (Harasat al Urdun).
6- Kharbat Zubayd (1883, achetée par des Russes).

+++ Colonies de Haïfa et ses environs :
1- Colonie Zammar, achetée par une société russe, (1862).
2- Colonie Khudayra achetée par une société russe, (1890).
3- Kafr 'Anna, appartenant aux « Amants de Sion », (1891).
4- Aba Choucha (propriété de banquiers juifs d'Al-Quds (Jérusalem)).

+++ Colonies de Hourran et au-delà du Jourdain.
Les colonies de Hourran sont plus importantes, en superficie, que celles de Palestine. Le « Comité palestinien de Paris » a acheté 12.000 hectares près du village de « Chaykh Sa'd ». Les juifs ont voulu acheter des terres à Jal'ad et Mu'ab au-delà du Jourdain mais sans succès.

§§§

Annexe_4 : Bilan de l'implantation des colonies juives en Palestine à la veille de la guerre[356]

a - En 1897, (à la veille du premier congrès sioniste), il y a 17 colonies occupant une superficie de 139.230 dounoums (un dounoum = 1000 m^2), et comptant 3.867 habitants, qui représentent un pourcentage négligeable par rapport à la population palestinienne[357].

b - A la fin du dix-neuvième siècle, ce sont 19 colonies juives qui abritent 4.350 personnes.

c - En 1905 (après la deuxième vague d'immigration juive), on recense 25 colonies de 6.500 habitants[358].

---

[356] - Pour plus d'information sur les colonies juives en Palestine de 1854 à 1948 : évolution, population, emplacements qui s'effectuent sur des emplacements arabes, historique de ces lieux arabes, etc., voir : Al-Mawjaz fi ta'rikh ad-duwwal al-islamiyya wa 'uhuduha fi biladina Filastin, (Histoire des États islamiques et leurs relations avec la Palestine), par Mustafa Murad ad-Dabbagh, Beyrouth, deux tomes (1981, 223 pages) et (1982, 175 pages), tome 2, p. 156-162. Voir également : Jacob Barnaï, The Jews in Palestine in the Eighteenth Century under the Patronage of the Istanbul Committee of Officials for Palestine, Trans. By Naomi Goldblum. Judaïc Studies Series. Tuscalosa, Al : University of Alabama Press, 1992, 217 p. Cet ouvrage fournit une description chronologique de l'immigration juive en Palestine et met en avant le rôle déterminant joué par les juifs de l'étranger dans le renforcement de la présence des colons juifs sur place.

[357] - Ces 17 colonies se répartissent entre la Galilée orientale (9 colonies de 1.062 habitants, et occupant 91.100 dounoums) et la région côtière, au centre du pays (8 colonies de 2.305 habitants et occupant 48.130 dounoums) ;(1 dounoum=1.000 mètres carrés). Ce qui est nouveau, c'est que les immigrés juifs habitent maintenant Yâfâ (Jaffa) et Haïfa, alors qu'auparavant les villes habitées par les juifs étaient : Al-Quds (Jérusalem), Safad, Tabariyya et Al-Khalil, Voir : Ta'rikh Filastin fi awakhir al-'ahd al-'uthmani, 1700-1918 : qira'ah jadidah (Histoire de la Palestine : lecture nouvelle), 'Adil Manna', 358 p., Beyrouth (Mu'assassat ad-dirasat al-filastiniyya), 1999, p. 199-200, p. 231, 237 et 252.

[358] - Dawr assahafa al-'arabiyya fi muqawamat as-sahyouniyya (1897-1914), Docteur Ismaïl Ahmad Yaghi, Revue d'Histoire Maghrébine, Tunis, num. 57-58, juillet 1990, pp. 523-561, p. 537.

d - Bilan en 1914 :

A la veille de la 1ère guerre mondiale, 47 colonies occupent 420.000 dounoums (2% de la superficie de la Palestine)[359].

Les colons habitant ces colonies sont au nombre de 600 juifs parmi les 11.580 juifs qui habitent la campagne (les autres juifs habitent les villes)[360].

e - Localisation des colonies

*16 colonies sont implantées le long du chemin de fer entre Yâfâ (Jaffa) et Al-Quds (Jérusalem)

*4 colonies le long du fleuve Al-'Uja

*24 colonies entre Al-Jalil (Hébron) et la côte au nord du fleuve Al-'Uja.

Ces emplacements sont stratégiques et encerclent la région de la Palestine la plus peuplée[361].

§§§

Voir : en page suivante la carte : Les colonies juives en Palestine en 1914

---

359 - Histoire de la Palestine : lecture nouvelle, o.c. p. 231, 237 et 252.
360 - « Bina' ad-dawla al-yahudiyya 1897-1948 : al-adat al-'askariyya », (La construction de l'Etat juif 1897-1948 : les outils militaires), Walid Khalidi, Majallat ad-Dirasat al Filastiniyya, Beyrout, (Revue d'études palestiniennes, en arabe), num. 39, été 1999, p. 65-103, p. 67.Selon une autre source, on compte en 1914, 40 colonies (12.000 personnes), dont 15 sont des « kibouts » (colonies sionistes collectivistes), Histoire de la Palestine : lecture nouvelle, o.c. p. 231, 237 et 252.

361 - : Amine Mahmud 'Ataya, « Al-istaytan as-sahyuni fi Filastin : 1882-1991 » (La colonisation sioniste en Palestine), Al-Wahda, Rabat, Maroc, num. 99, décembre 1992, p. 43-60, p. 47-48.

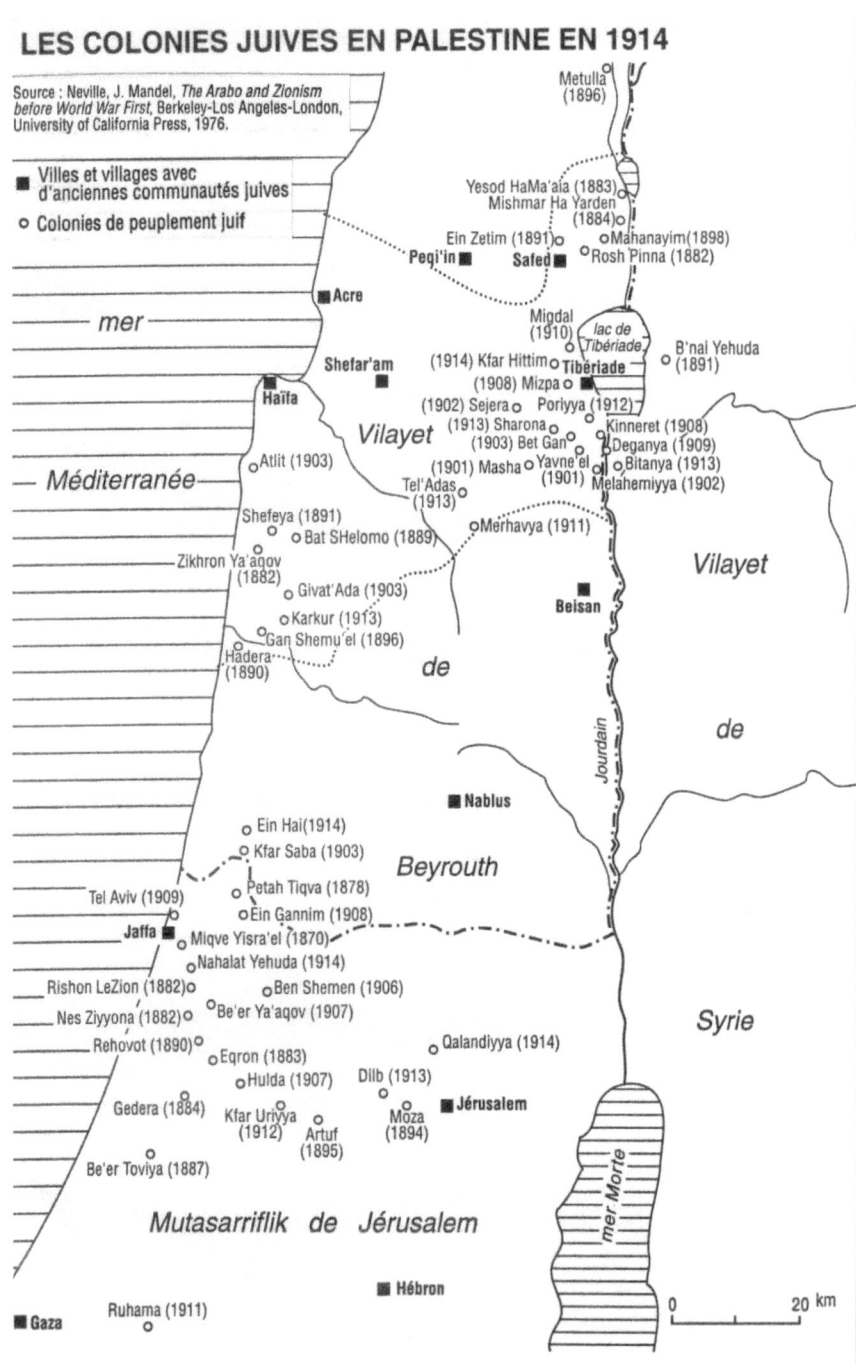

Annexe_5 : Quelques mots sur Najib Nassar

Najib Nassar est employé chez un pharmacien, à Safad. Puis il travaille dans l'agriculture à Tibériade.
Il considère que la presse doit être mise au service de la lutte contre le sionisme.

Avant 1908, Nassar déclenche une campagne d'information en publiant des articles en Egypte, dans « Al-Muqattam » et au Liban dans « Lisân al-Hâl ».
Il appelle, à travers ses articles « les Arabes à prendre conscience des dangers qui pèsent sur la Palestine car les mêmes dangers menacent, également, les Arabes dans leur territoire, leur entité et leur avenir »[362].

«Lorsqu'il (Nassar) pénétra dans le monde de la presse, en fondant le journal « Al-Karmil » en mars 1909, le public vint à sa rencontre, et le journal connut une grande diffusion»[363].

Au cours de la 1ère discussion sur la question du sionisme (mars 1911) par les députés, au parlement ottoman, Najib Nassar publie plusieurs articles dans divers journaux qu'il réunit en oct.1911 dans «Le sionisme, son histoire, son enracinement et son importance»[364].
Nassar est le premier à créer un syndicat d'écrivains. En 1918, il crée le « Parti arabe »[365].

§§§

---

[362] - «Najib NASSAR», Revue d'Etudes Palestiniennes, Paris, 1995, num. 2, nouvelle série, p. 82.
[363] - « Najib NASSAR », o.c. p. 81 (selon « Mir'at al-Charq », 22 sept 1927, p. 525).
[364] - Docteur Khayriyya Qasmiyya, «Al Muqâwama al-'arabiyya lis-sahyunuiyya awakhir al-'ahd al-'uthmani (1908-1917) - al-ittijahat ar-raïsiyya » (La résistance arabe au sionisme) in Revue d'Histoire Maghrébine, Tunis, num. 29-30, 1983, p. 373-394, p. 379.
[365]- « Najib NASSAR », o.c. p. 83-84.

Annexe_6 : Najib 'Azuri

Le penseur arabe Najib 'Azuri, qui séjourna en Palestine, attire l'attention des Arabes, sur les dangers du projet sioniste.
En 1904, Najib 'Azuri fonde, à Paris la « Ligue de la Patrie arabe » et reçoit l'appui d'écrivains arabes.
Il appelle les Arabes à se libérer de la domination ottomane dans une déclaration historique (1904) : « Bilad al-'Arab lil-'Arab » (La Terre arabe aux Arabes).

En 1905 il publie à Paris le «Réveil de la nation arabe» dans lequel il révèle la menace de l'expansion sioniste en Palestine, et ses conséquences négatives sur la nation arabe.
'Azuri dit qu'on assiste à la naissance de deux phénomènes antagoniques, le réveil de la nation arabe, et les efforts développés par les juifs, pour reconstruire l'ancien « Royaume d'Israel ».
Ces deux mouvements sont destinés, selon 'Azuri, à se confronter jusqu'à la victoire de l'un sur l'autre.
Et le sort du monde dépendra des résultats de cet affrontement[366].
En avril 1907, Najib 'Azuri publie la revue mensuelle « L'Indépendance arabe » pour faire connaître et défendre la cause des pays arabes. La revue cesse de paraître lors de l'entrée en vigueur de la Constitution ottomane de juillet 1908[367].

---

366 - « Dawr assahafa al-'arabiyya fi muqawamat as-sahyouniyya (1897-1914) (Le rôle de la presse arabe dans la résistance contre le sionisme), Dr Ismaïl Ahmad Yaghi, Revue d'Histoire maghrébine, Tunis, num. 57-58, juillet 1990, pp. 523-561, p. 541.
367 - Selon Georges Antonius, l'action d'Azuri n'a pas d'influence sur le mouvement arabe, car il agit à partir d'une capitale étrangère et dans une langue étrangère.
C'est un exemple de la marginalisation de certains leaders arabes dans leur appel à la révolution, car ils sont loin du «Centre» et victimes de l'« enseignement étranger », Yaqdhat Al-'Arab (Le réveil arabe), Georges Antonius, Beyrouth, 1987, 653 p., p. 172-173.
C'est la traduction de l'anglais de l'ouvrage : The Arab Awakening, Lippincott, Philadelphie, USA, 1939.

Annexe_7 : Questions d'émigration et de population

- **A** - Estimation de la population juive entre 1880 et 1914[368]

- **1** - En 1880, il y a dans le monde : 7.775.000 juifs, dont : 75% en Europe orientale (en particulier en Russie) et 3,5% aux USA.
- **2** - Entre 1881 et 1914, plus de 2 millions de juifs émigrent aux USA.

- **B** - L'émigration juive en Palestine entre 1840 et 1914
(Les émigrés sont originaires majoritairement de l'Europe centrale et orientale, en particulier de Russie) :
- **1** - Entre 1840 et 1882, 10.000 émigrés juifs en Palestine (en 1882, le nombre de résidents juifs en Palestine varie entre 20 et 25.000).
- **2** - Entre 1882 et 1903 : entre 20 et 30.000 émigrés juifs, en majorité russes : c'est la 1ère vague d'émigration en Palestine.
- **3** - Entre 1904 et 1914 : entre 35 et 40.000 émigrés juifs : c'est la 2ème vague d'émigration[369].

---

[368] - Walid Khalidi, « Bina' ad-dawla al yahudiyya 1897-1948 : al adat al 'askariyya », (La construction de l'Etat juif 1897--1948 : les outils militaires), Majallat ad-Dirasat al Filastiniyya, n° 39, été 1999, p. 65-103, p. 66-67.

[369] - Amine Mahmud 'Ataya, « Al Istaytan as-sahyuni fi Filastin : 1882-1991 » (La colonisation sioniste en Palestine), Al-Wahda, Rabat, Maroc, numéro 99, décembre 1992, p. 43-60, p. 45-46. Walid Khalidi estime le nombre de la première vague d'émigration à 6.000 juifs, voir : La construction de l'Etat juif 1897-1948, o.c. p. 66-67. Entre 1882 et 1914, la moitié des immigrés juifs en Palestine retourneront dans leur pays d'origine, à cause des conditions de vie difficiles et des lois ottomanes contre l'immigration, The Attitude of the ottoman empire toward the zionist movement 1897-1909, Hassan Ali Hallak, Beyrouth, 1980, 425 pages, p. 84 (citant Mandel Neville, Turks Arabs and Jewish Immigration into Palestine, Oxford, 1965, p. 79.

Une autre source[370] estime qu'à partir de 1904, 7.000 juifs arrivent chaque année en Palestine (selon les sionistes), et 4.000 (selon les Ottomans).
Cette différence est due au fait que les Autorités ottomanes ne comptabilisent que les arrivées au port de Yâfâ (Jaffa) alors que d'autres juifs passent par Beyrouth.
Ce qui montre l'importance de l'immigration clandestine :
Exemple, la population juive de Haïfa en 1907 est estimée à 1.117 personnes, selon les Ottomans, et à 3.000 selon les sionistes[371].

§§§

L'émigration juive vers la Palestine représente :
- entre 1840 et 1880 : 4,5% de l'ensemble de l'émigration juive toutes destinations confondues ;
- entre 1881 et 1900 : 3,3% ;
- entre 1901 et 1914 : 1,9%.
(Les destinations les plus importantes sont : les USA, le Canada, l'Argentine et l'Afrique du Sud)[372].

&&&

-C- <u>Estimation de la population de la Palestine entre 1876 et 1922</u>
<u>Source</u> :
Selon Justin MacCarty, le nombre de juifs en 1914-1915 serait de 60.000. Chiffre « accepté » par les sionistes. Ceux-ci ont réalisé un recensement pendant la première guerre. Voir : The Population of Palestine : Population Statistics if the Late Ottoman Période and the Mandate by Justin MacCarty, New-York and Oxford : Columbia University Press, 1990. D'après la note de lecture, Majalat ad-Dirasat al-Filastinyya, Beyrouth, num. 6, 1991, p. 130-132.

---

370 - The attitude of the ottoman empire toward the zionist movement 1897-1909, Hassan Ali HALLAK, Beyrout, 1980 (en arabe), 425 p., p. 98-99.
371 - Ibid, p. 224.
372 - Ibid, p. 108-111.

-1- Données ottomanes :

++Population totale en 1295 (Hégire) (1876-1877) : 340.000 ;
++Population totale en 1333 (Hégire) (1914-1915) : 722.000 ;
++Population juive en 1914-1915 : 38.754.

-2- Données britanniques (1922), mises à jour par J. Mac-Carty) :
Population totale : 823.684 dont :

++Musulmans : 646.237
++Chrétiens : 81.361
++Juifs : 93.360

§§§

Annexe_8 : **A propos du sionisme chrétien**

Source : « Al-Mancha' al Urubbi lis-sahyuniyya wa marahil tahwidiha » (L'origine européenne du sionisme et les étapes de sa judaïsation), Umar Kylani, Al-Hayat (quotidien arabophone diffusé internationalement du 25/12/2003.

Le sionisme chrétien est né en Europe de l'Ouest. Le terme le plus adéquat pour qualifier le sionisme est le sionisme occidental.
Deux objectifs du sionisme chrétien :
1-se débarrasser des juifs, surtout, après la grande émigration de l'est à l'ouest de l'Europe ;
2-installer les juifs et créer un Etat pour eux. Cet Etat sera protégé et au service de l'Etat protecteur.

Il était possible d'installer les juifs n'importe où, mais la Palestine est choisie, après la chute de l'Empire ottoman et le partage de sa dépouille entre Anglais et Français.

A-Quelques appels européens à l'émigration des juifs européens en Palestine : 17-19èmes siècles

1-En 1622, Henry Finish, Premier conseiller en droit d'Angleterre, publie une étude dans laquelle il appelle au retour du « Royaume de la nation juive ».
2-En 1649, deux anglais chrétiens envoient de Hollande un appel au gouvernement britannique lui demandant que « le peuple d'Angleterre soit le premier à transporter les enfants d'Israël, sur ses bateaux anglais, à la terre promise, leur héritage éternel ».
3-Au Danemark, Hulger Bouly, pousse les souverains européens à une nouvelle Croisade, pour libérer la Palestine et Jérusalem, et l'installation des juifs qui en sont les légitimes héritiers. En 1696, il présente à William III un projet détaillé d'occupation de la Palestine.
4-En 1818, le président américain John Adams appelle au retour des juifs en Palestine, et à l'établissement d'un Etat indépendant pour eux.
5-En 1839, le ministre des Affaires étrangères anglais envoie des instructions à son consul à Al-Quds (Jérusalem), pour offrir la protection anglaise aux juifs.

6-Au Congrès des Etats européens de Londres (1840), Lord Safestbury adresse au ministre des Affaires étrangères Palmerston un projet qui porte le titre « Une terre sans peuple pour un peuple sans terre » pour le retour des juifs en Palestine et la création d'un Etat juif.

7-En 1844, le parlement anglais crée la commission :«le retour de la nation juive en Palestine », et, la même année, l'« Association britannique et étrangère pour le retour des juifs en Palestine» est créée à Londres. Son président, le prêtre Karibas, demande au gouvernement britannique de faire en sorte de coloniser toute la Palestine, de l'Euphrate au Nil et de la Méditerranée au Sahara.

8-En 1845, Edward Mitford, un des supporters de Palmerston, ministre des Affaires étrangères, envoie un message au gouvernement britannique dans lequel il demande le retour « à n'importe quel prix » des juifs en Palestine et la création d'un Etat qui leur soit propre.

9-Fin des années 1860, les Allemands commencent à installer des colonies en Palestine, sous la direction de l'« Association allemande du Temple », créée au 17ème S., comme étant un mouvement réformateur dans l'Eglise évangélique allemande.

10-En 1887, une organisation « Mission hébraïque niyyabar 'an Israël », créée à Chicago, appelle les juifs à émigrer en Palestine. Cette organisation existe toujours, sous le nom «az-zamaala américaine chrétienne».

B- Quelques ouvrages en faveur du retour des juifs en Palestine :

Les appels en faveur du retour des juifs en Palestine sont appuyés sur des activités culturelles et de recherche portant sur la Palestine (Publications d'ouvrages d'histoire, de géographie, etc.) et la création du « Fonds pour la découverte de la Palestine ».

Parmi les livres les plus importants, on peut citer :

1- « Jésus est né juif » (1523), Martin Luther. L'auteur y expose des positions en faveur les juifs. Mais après avoir désespéré de les convertir au christianisme, grâce à la Réforme, il est désabusé. Il publie :

2- « Des juifs et de leurs mensonges » (1543), Martin Luther.

3- « Histoire des juifs en Palestine » (1852), Linghourth.

L'auteur demande la création d'un Etat juif en Palestine pour la protection de la route des Indes.
4- «Jésus arrive» (1878), William Blakston, un des plus importants sionistes non-juifs en Amérique.
5- «La terre de Jalaad» (1880), Lawrence Oliphant.
Il appelle à l'expulsion des Palestiniens de Palestine.
6- «Le retour des juifs en Palestine, selon ce qui est dit dans le Livre des Prophètes» (1884), William Heshler. Cet ouvrage contient une immense carte de la Palestine que Theodor Herzl décrit comme une carte militaire « intrigante ».
William Heshler, un pasteur protestant anglais, était ami et conseiller de Théodor Herzl.
William Heshler propose à Théodor Herzl les frontières suivantes pour l'Etat juif :
Au Nord : jusqu'au Cappadoce (à l'est de l'Asie Mineure) ;
Au Sud : jusqu'au Canal de Suez ;
A l'Est : jusqu'aux frontières de l'iraq.
7- « Premier document américain en faveur de la restauration de la Palestine aux Juifs » (1891), publié par un chrétien et présenté au Président des États-Unis, Benjamin Harrison.
8- « Le guide de Palestine » (1905), Davies Tritsh.

§§§

Annexe_9 : Quelques projets d'implantation de colonies juives

Le nombre de projets d'installation de juifs s'élèvent à plus d'une vingtaine, y compris le projet Palestine.

1- « Projet Nuniza Fonseca » pour une implantation à Curaçao (1625). Le projet est adopté par le parlement hollandais.
Des juifs sont installés à Surinam dans un cadre identique.
2-La « Compagnie des Indes Occidentales » (française) accorde l'autorisation à David Naçaci pour une implantation à Cayenne (1659).
3-En 1790 un écrivain polonais propose l'installation de juifs en Ukraine (qui dépendait alors de la Pologne).
4-Fin du 18ème siècle, proposition de création d'un Etat juif en Amérique de l'Ouest (Arkansas ou Orégon). Proposition en 1797 du juif américain, Manvel Noé, de créer un Etat juif symbolique (Ararat) dans l'île de la Grande Islande près de Buffalo.
5-Projet de Bonaparte de créer un Etat juif, lors de son agression de l'Egypte en 1799. Mais Bonaparte a failli devant les murs de 'Akka en Palestine (St Jean d'Acre). Son échec met fin au projet. Deux personnes, proches de lui, poursuivent le projet un demi-siècle plus tard. A Paris, Jean Dunan crée l'« Association pour la colonisation de la Palestine ». Ernest Laharan en 1860 appelle à la création d'un Etat juif en Palestine. (Laharan appartient au Secrétariat de Napoléon III).
Mais les projets français se heurtent à l'avancée britannique dans ce domaine.
6-En 1878, l'Angleterre occupe Chypre. Les sionistes pensent s'y installer. Le sioniste Davies Tritsh se rend dans l'île pour étudier la question et crée à Berlin une « Commission pour la colonisation de Chypre ».
7-En 1890, D. Lufanthal établit un projet détaillé pour l'émigration d'un demi-million de juifs russes, en Argentine. La colonie Mawzavil est créée dans la région agricole de Santa-Fé.
En 1914, d'autres colonies s'installent en Argentine, occupées pour la plupart par des juifs d'Europe de l'Est. Il faut rappeler que Herzl a choisi dans son livre l'Argentine comme probable lieu pour un Etat juif.

8-En 1891 Max Budanhaimer appelle les juifs riches pour la création d'une Société de colonisation dans le but d'installer des juifs d'Europe de l'Est dans la Bekaa libanaise, le long du chemin de fer Beyrouth-Damas.
9-En 1882, l'« Association juive canadienne » crée la colonie Hirsh dans la région Sasakatchouan, ainsi que d'autres colonies dans le Manitoya. Mais en 1890, le gouvernement canadien refuse de vendre des terres à l'Association qui veut implanter d'autres colonies.
10-En 1893, Henri De Avighdor tente d'acheter des terres dans le Houran de Syrie.
11-La même année, le même Henri De Avighdor demande aux Ottomans, au nom de l'«Association des Amis de Sion», l'autorisation de s'implanter à l'est du Jourdain, après le refus des Autorités ottomanes d'accorder leur installation en Palestine.
En même temps, Buhalandof, sioniste allemand, établit un plan, pour regrouper un grand nombre de juifs, à l'est du Jourdain, afin d'attaquer les habitants de la région, et les pousser à partir.
12-En 1902, projet d'Al-Arish au Sinaï (Egypte).
13-En 1903, projet d'installation au Congo, alors sous domination belge.
14-En 1903 et 1904, projet de Theodor Herzl pour une installation au sud de l'Iraq. Refus du Sultan ottoman.
15-En 1903, les Britanniques proposent aux juifs de s'installer en Ouganda.
16-Herzl contacte les Portugais, par l'intermédiaire des Autrichiens, pour un projet au Mozambique.
17-En 1904, projet de Herzl avec l'Italie pour une installation des juifs à Tripoli en Libye. En 1908, mission sioniste en Libye.
18-En 1904, l'« Association juive pour la colonisation » achète, dans la région du Rio Grande Sul (Brésil) des terres pour y installer une colonie de 93.000 Ha.
19-La même Association achète des terres, aux USA, dans les Etats de New-York et de Pennsylvanie. Parmi les projets juifs aux USA, le plus important est l'expérience de Mordekay Noah, appelé Jabal Ararat, pour y implanter des juifs à Grand Iland. L'appel de Noah n'a aucun écho chez les juifs.
20-En 1905, Davis Triytsh demande au Sultan ottoman une implantation de juifs sur le littoral d'Adana, limitrophe à la côte syrienne.

21-Après le refus du projet d'Adana, Davis Triytsh pense à un projet à Rhodes, dont les juifs constituent le sixième de la population (5.000 juifs sur 30.000 habitants).
22-En 1912, Israel Zanghwil propose au Portugal d'installer des Juifs de Russie et de l'Europe de l'Est en Angola.
23-Un médecin juif russe, Ratstein, demande le 2 septembre 1917, aux Affaires étrangères françaises, l'installation d'un Etat juif au nord de la région du Golfe arabo-persique (Bahraïn et Al-Ihsa'). La création de cet Etat commencerait par la constitution d'une armée juive de 30.000 hommes de l'Europe de l'Est, basée à Bahraïn.
24-En 1933, projet d'installation d'une colonie autonome de juifs au nord-ouest de l'Australie.
25-En 1938, projet d'installation d'une colonie juive de cent mille personnes en République Dominicaine.

Source : « Al-Mancha' al Urubbi lis-sahyuniyya wa marahil tahwidiha » (L'origine européenne du sionisme et les étapes de sa judaïsation), Umar Kylani, Al-Hayat (quotidien arabophone diffusé internationalement du 25/12/2003.

§§§

Annexe_10 : **Associations et partis dans la lutte contre le sionisme**

A côté des partis et des associations palestiniennes légales, des organisations clandestines, à caractère arabe, sont fondées. De nombreux Palestiniens sont membres de ces partis et de ces associations.
Si les associations légales font un travail politique de sensibilisation au danger du sionisme les organisations clandestines, organisées sur un modèle militaire, sont orientées principalement, contre la politique du nouveau régime ottoman (1908), en raison de son attitude vis à vis des provinces arabes et de ses relations avec le sionisme.

0- « Jam'iyyat al-Jami'a al-Arabiyya » (Association de la Ligue Arabe):
Muhammad Rachid-Ridha fonde cette association, en 1909, au Caire, après un voyage à Istanbul. Son but est de faire coopérer les différentes organisations qui militent dans les provinces arabes[373].

0- « Jam'iyyat al-ikha' al-'araby al-outhmani » (Association pour la fraternité arabo-ottomane) : créée par des Arabes ottomans en 1908 à Istanbul, avec pour but d'aider le gouvernement dans la préservation de la Constitution ainsi que l'union des différentes composantes de l'Empire. Les étudiants arabes d'Istanbul soutiennent l'Association[374].

0- « Al Muntada al Adabi » (Forum Littéraire), créé en 1909 à Istanbul par des fonctionnaires, des hommes de lettres, des étudiants (la majorité), etc. « Al Muntada » remplace l'association «Jam'iyyat al-ikha' al-'araby al-outhmani» qui ne fait pas long feu. A côté d'une activité culturelle intense (exposés, théâtre), le Forum organise des discussions pour aplanir les différences entre les Arabes et le pouvoir ottoman. Des ministres et des hautes personnalités assistent volontiers aux manifestations d' « Al Muntada ».
«Al Muntada al Adabi» publie la revue «Lisan al'Arab». L'Organisation est d'abord tolérée par le pouvoir puis interdite

---

373 - Amine Saïd, Athawra al'arabyaa al kubra (La Grande révolte arabe), Le Caire (éd. Madbouly), sans date, 3 tomes, **tome 1**, p. 55.
374 - Athawra al-'arabiyya al-kubra, o.c., tome 1, p. 17.

en 1915. Il y a plusieurs (Forums Littéraires) dans les provinces arabes : Syrie, Liban, Iraq[375].

0- « Al-Qahtaniyya » est une organisation secrète créée fin 1909. Elle défend un projet qui consiste à transformer l'Etat ottoman en un Etat à 2 têtes, l'une turque et l'autre arabe, (à l'image de l'Etat Austro-Hongrois).
Le Sultan ottoman sera le Chef des deux Etats.
Aziz Ali al Masri, un officier de l'armée égyptienne, est à la tête de l'organisation[376]. Celle-ci comprend des officiers de haut rang de l'armée ottomane, ainsi que 2 membres fondateurs d'« Al Muntada al Adabi » (Forum littéraire).
C'est la première organisation arabe qui comprend des officiers dans ses rangs. Une année après sa fondation, l'organisation disparaît, après que ses membres aient réalisé qu'il y avait un espion parmi eux[377].

---

[375] - Quelques membres d'« Al Muntada al Adabi » : Le chef du Muntada : Abd-al-Karim Al Khalil (Liban), Salah Haydar (Baalabak), Rafiq Razq Salum (Hims), Jamil Al-Husayni (Al Quds), Youcef Mukhibr (Baalabak), Sif ad-Din Al Khatib (Damas), Rafiq al-Azm, Reda as-Sulh, Taleb an-Naqib, Aziz-Ali al Masri, 'Azzat al-Djoundi, Ruchdi ach-Cham'a. Entre 1915 et 1916 des membres du « Muntada » sont pendus par les Autorités ottomanes, car ils sont considérés comme traîtres à cause de leurs activités sur le plan nationaliste. Ce sont : Abd al-Hamid az-Zahraoui, Rafiq al-Azm, Rafiq Razq Salum (Hims), Abd-al-Karim Al-Khalil, Ruchdi ach-Cham'a, Salah Haydar (Baalabak), Sif ad-Din Al Khatib (Damas), 'Azzat al-Djoundi, Nadra Matran, Nakhla Matran.
Voir : Yaqdhat Al-'Arab, (Le réveil arabe), Georges Antonius, Beyrouth, 1987, 653 p., p. 184-185. C'est la traduction de l'anglais à l'arabe de : The Arab Awakening, Georges Antonius, Lippincott, Philadelphie, USA, 1939.
Voir également : « Jam'iyyata al 'Arabiyya al Fatat wal 'Ahd » (Les Organisations : « al Jam'iyya al 'Arabiyya al Fatat » et « Jam'iyyat al 'Ahd »), in : al Majallat at-ta'rikhiyya al 'arabiyya lid-dirasat al 'Othmaniyya (Revue arabe d'histoire d'études ottomanes), num. 3-4, déc. 1991, p. 173-187, p. 180.

[376]- Aziz Ali al-Masri, né au Caire, carrière militaire. Un des dirigeants de la Révolution contre le Sultan de 1908.
Avec son ami, l'officier Salim al Jazaïri, il créé al-Qahtaniyya. Voir Yaqdhat Al-'Arab, o.c. p.196.

[377] - Quelques membres : Salim Al-Djazaïri (officier, Damas), Les émirs, Amine et Adel Arslan (Liban), Khalil Hamada (Beyrouth),

0- « Jam'iyyat al-Arabiyya Al-Fatat » (Les Jeunes-Arabes). L'organisation est créée à Paris en 1911 par sept jeunes arabes qui y poursuivaient leurs études. Aucune autre organisation n'a eu autant d'influence sur le mouvement national arabe[378].

Cette organisation avait le sérieux de l'«Organisation secrète» créée à Beyrouth en 1875. Son but était l'indépendance des pays arabes de toute domination, turque ou autre. Différence avec d'autres anciennes revendications qui visaient une simple autonomie des pays arabes. Le serment de ces jeunes était de réaliser leurs objectifs jusqu'à la mort. En 1913, après la fin de leurs études, ils transfèrent le siège de leur Organisation à Beyrouth puis l'année suivante à Damas. L'Organisation restera secrète jusqu'à la chute de l'Empire ottoman. L'association a eu jusqu'à 200 membres[379]. L'une des activités des « Jeunes-Arabes » a été l'organisation du premier Congrès arabe à Paris (18-23 juin 1913), {Voir ci-dessous}.

0- « Jam'iyyat al-'Ahd » (Le Serment). C'est la promesse entre le membre de l'Association et son Dieu, au service de la patrie. L'organisation de l'Association est de type militaire.

Fondée après la tenue du premier Congrès arabe de Paris, (1913), «Jam'iyyat al-'Ahd» milite pour l'indépendance des pays arabes, mais en restant fédérés avec Istanul[380].

Parmi les membres d'«Al-'Ahd», il y a ceux qui prônent toujours la révolte contre Istanbul (même s'il y a eu des échecs

---

Amine Azma (Hims), Saghout Al 'Alwou (officier, Damas), Ali An-Nachachibi (officier, Al Quds), Choukri Al 'Asli (Damas).
An-Nachachibi et Al 'Asli sont pendus pendant la guerre, Yaqdhat al 'Arab, o.c. p.186-187.

378- Ses membres : 'Aouni Abd-Al-Hadi (Djanine en Palestine), Jamil Mardam (Damas), <u>Muhamad Al-Mahmaçani</u> (Beyrouth), Rustum Haydar (Balabak), <u>Tawfiq An-Nator</u> (Beyrouth), Rafiq At-Tamimi (Naplouse en Palestine), Abd-Al-Ghani Al-'Ariçy (Beyrouth).
(Les noms soulignés sont ceux des membres de l'Organisation qui seront pendus par les Ottomans pendant la guerre), Yaqdhat Al-'Arab, o.c. p.187.

379 - Yaqdhat al 'Arab, o.c. p.188.

380- Al Majallat at-ta'rikhiyya al 'arabiyya lid-dirasat al 'Othmaniyya (Revue arabe d'histoire d'études ottomanes), num. 3-4, déc. 1991, p. 173-187, p. 183.

à Al-Quds, à Bagdad et à Damas). Le succès viendra avec la « Révolte arabe » (1916)[381].

Afin d'éviter l'échec subi par l'association «Al-Qahtaniyya», tous les membres d'« Al 'Ahd » sont des militaires, et les Iraquiens représentent une partie substancielle de l'Association, qui compta jusqu'à 400 membres.

A l'annonce de la guerre (1914-1918), les activités de l'association s'arrêtent, ainsi que celles des autres associations arabes. L'activité arabe se concrétise alors, dans le travail commun[382].

0- « Al-'alam al-akhdar » (Le Drapeau Vert), créé en 1912 à Istanbul, il a pour but de renforcer les liens patriotiques parmi les étudiants des écoles supérieures.

L'Association publie « Lisan al-'Arab » qui deviendra « Al-Muntada al-'arabi ». L'association vit jusqu'au début de la guerre 1914-1918[383].

0- « Hizb Allamarkaziyya al Idariyya al Uthmani » (Parti ottoman pour la Décentralisation).

Créé au Caire, fin 1912, par des résidents syriens, le parti compte montrer au pouvoir central le besoin d'une décentralisation à travers tout l'Empire.

Il revendique la langue arabe comme langue officielle dans les provinces arabes et l'attribution de postes de fonctionnaires dans ces provinces aux originaires de celles-ci.

Le parti tient des relations avec les autres associations dont, « Al Muntada al Adabi ». Il a des filiales en Syrie, en Iraq, et en Palestine (Djanine, Haïfa, Naplouse, etc.). Le parti vécut trois ans. C'est le premier exemple de parti qui lutte de

---

[381]- Ibid, p.184. Après le gel d'Al Qahtaniyya, Al-Masri crée l'association « Al Ahd », formée uniquement d'officiers de l'armée, sauf 2 exceptions. Un grand nombre d'Iraquiens intègrent « Al-Ahd ». D'où l'importance des filiales de Baghdad et de Mossoul. « Al-Ahd » devient une association identique à celle des « civils » : « Al-Arabiyya Al-Fatat ». Les deux associations ignorent leur existence jusqu'en 1915 où elles se contactent à Damas et harmonisent leur action pour la direction de la Révolution arabe (Yaqdat al-Arab, o.c., p. 196). Le président égyptien Gamal Abd-An-Nacer a connu Aziz, lorsqu'il était étudiant à l'académie militaire égyptienne où enseignait alors Aziz.

[382] - Ibid, p.184-185.

[383] - Athawra al-'arabiyya al-kubra, o.c. tome 1, p. 19.

façon organisée contre le gouvernement ottoman dans la bataille pour la décentralisation[384].

0- Le « Comité Islah » (Réforme) de Beyrouth est composé de 86 membres. Ses positions sont les mêmes que celles du « Hizb allamarkaziyya ». Afin de contrer la volonté française d'occuper la Syrie (donc le Liban), des notables de Beyrouth ainsi que des représentants demandent en décembre 1912 à Istanbul des réformes. Le programme du Comité, annoncé en fév. 1913, est bien accueilli dans les provinces arabes, dont la Palestine (Akka, Naplouse).
Le 8 avril de la même année, le Comité est dissous et ses dirigeants arrêtés[385]. La réaction populaire à Beyrouth est forte : les dirigeants sont libérés en mai.
Le Comité répond favorablement à l'invitation du Congrès arabe de Paris, organisé par « al-Arabiyya al-Fatat ».
Une des raisons de se réunir à Paris, était d'éviter que les Européens ne trouvent le prétexte pour intervenir dans le pays, profitant des troubles qu'auraient créés des revendications arabes contre les Ottomans.

0- « Jam'iyat al-Basra al-islahiyya » (L'Association de Basra pour la réforme). Association créée par Taleb an-Naqib, député de Basra au parlement ottoman et un des leaders du parti al-I'tilaf. Ce parti soutient le congrès de Paris[386].

0- « An-Nadi al-watani al-ilmy fi Baghdad » (Le Club national scientifique de Baghdad). Créé en 1913 à Zawra' sur le modèle du « Hizb Allamarkaziyya » (Parti ottoman pour la Décentralisation) du Caire[387].

0- Le premier Congrès arabe (Paris, 18-23 juin 1913).

---

[384] - Quelques membres de ce parti :
Rafiq Al-Azm (Damas), Rachid Rida (Tripoli en Syrie), Iskander 'Amoun (Liban), Fouad Al Khatib (Liban), <u>Salim Abd-al-Hadi</u> (Djénine en Palestine), <u>Hafiz As-Saïd</u> (Yafa en Palestine), <u>Nayaf Tallou</u> (Damas), <u>Ali An-Nachachibi</u> (Al Quds).
De nombreux membres (dont les noms sont soulignés) de ce parti sont pendus par les autorités ottomanes pendant la guerre 1914-1918, Yaqdhat al 'Arab, o.c. p.185-186.
[385]- Yaqdhat al 'Arab, o.c. p.189-190.
[386] - Athawra al-'arabiyya al-kubra, o.c., tome 1, p. 31.
[387] - Athawra al-'arabiyya al-kubra, o.c., tome 1, p. 32.

L'association « Al-Jam'iyya al-'Arabiyya al-Fatat » organise le premier Congrès arabe à Paris du 18 au 23 juin 1913.
L'Association invite des partis et des associations. De nombreuses personnalités de Syrie, du Liban et de Palestine participent au Congrès.
Des télégrammes envoyés de Palestine arrivent au Congrès. On remarque à travers ces missives l'existence de deux associations culturelles à Yafa (Jaffa) : « Al-Multa'am Al-Adabi » et l'« Association de bienfaisance islamique ».
Ces télégrammes demandent au Congrès d'insister dans ses débats sur les réformes et la décentralisation. Ils demandent également au Congrès de dénoncer la vente de terres palestiniennes aux juifs. Le congrès décide :
-le droit politique des arabes à participer au gouvernement central ;
-autonomie administrative des wilayas arabes ;
-l'arabe, langue nationale dans ces wilayas ;
-le service militaire des Arabes se fera dans leurs provinces d'origine, sauf cas exceptionnels[388].

§§§

---

388 - (Revue arabe d'histoire d'études ottomanes), o.c. p. 182.

Annexe_11 : La presse palestinienne au début du vingtième siècle

Ouvrages :

++ La presse et la vie politique en Palestine, 1908-1948, Abd-al-Kader Yassin, Nicosie, Charq-Press, fév. 1990. (L'ouvrage cite de nombreux journalistes palestiniens et étudie le développement de la presse, lié à celui du mouvement national économique et social en Palestine).

++ Al-'Aqqad Ahmad Khalil, As-sahafa al 'arabiyya fi Filastin (La presse arabe en Palestine), deuxième édition, Damas, Dar al-'Urûba, 1967.

++ Yahoucha' Ya'qub, Ta'rikh as-sahafa al 'arabiyya fi Filastin fi al 'ahd al uthmani 1908-1918 (Histoire de la presse arabe en Palestine de 1908 à 1918), Al-Quds, Matba'at al ma-'arif, 1947.

++ Al waqâi' al filastiniyya, 1933 – 1948 (Journal officiel du gouvernement britannique mandataire).

Périodiques :

++ «Al-Quds Ach-Charif», mensuel en arabe et en turc, fondé en 1876, c'est le premier journal édité en Palestine. Rédacteurs en chef : Ashaykh Ali Arrimawi (pour la partie arabe) et Abd As-Salam Kamal (pour la partie turque).
++ At-Tarqi, revue fondée en 1907.
++ Al-Quds, fondé en 1908.
++ Sahyun al jadida, revue mensuelle fondée en 1908, propriété du Patriarcat orthodoxe.
++Al Asma'i, fondé en 1908, Rédacteur en chef : Hana Abd-Allah Aïssa.
++ Al Karmil, fondé à Haïfa, en 1909, Rédacteur en chef : Najib Nassar.
++ An-Nafir, hebdomadaire, fondé en 1908 à Al-Quds (Jérusalem), et géré à Haïfa à partir de 1913.
++ An-Nafa'is al 'asriyya, fondé en 1909 à Haïfa, et géré à Al-Quds, à partir de 1911, (Jérusalem), Rédacteur en chef : Khalil Bîds.

++ Filastin, bi-hebdomadaire, fondé en 1911 à Yâfâ (Jaffa), Rédacteurs en chef : les frères Aïssa Daoud Al Aïssa et Youçef Al Aïssa.
++ Al Munadi, hebdomadaire, fondé en 1912 à Al-Quds (Jérusalem), Rédacteurs en chef : Saïd Jar-Allah et Muhammad Musa al-Maghribi.
++ Al-'Aça li-man-'aça, hebdomadaire, fondé en 1912, à Haïfa, Rédacteur en chef : Najib Jana.
++ Abu-Chaduf, hebdomadaire fondé en 1912 à Yâfâ, Rédacteur en chef : Saliba 'Aridha.
++ As-sa'iqa, hebdomadaire fondé en 1912 à Haïfa, Rédacteur en chef : Jamil Ramadhan.
++ Al-Manhal, mensuel fondé en 1913 à Al-Quds (Jérusalem), Rédacteur en chef : Muhammad Musa al-Maghribi.
++ Al-I'tidal al Yâfi, hebdomadaire fondé, en 1914, à Yâfâ (Jaffa), Rédacteur en chef : Bakri As-Samhuri.
++ Suriyya al-janubiyya, fondé en 1919 à Al-Quds (Jérusalem), Rédacteurs en chef : 'Arif al-'Arif, Muhammad Hassan al-Badiri. La revue attaque violemment le sionisme.
++ Bayt-Lahma, hebdomadaire, fondé en 1919 à Bethléem, Rédacteurs en chef : Père Khalil Dikrat, Aïssa al-Khouri Bandak.
++ Mir'at al-Charq, bi-hebdomadaire, fondé en 1919 à Al-Quds (Jérusalem), Rédacteur en chef : Paul Chahada.
++ Baït al-Muqaddas, bi-hebdomadaire fondé en 1919 à Al-Quds (Jérusalem), Rédacteur en chef : Bandali Ilias Machhur.
++ Majallat dar al-mu'allimin, dix numéros par an, fondé en 1920 à Al-Quds (Jérusalem), Rédacteurs en chef : élèves et anciens élèves.
++ Jaridat hukumat filastin ar-rasmiyya, revue mensuelle officielle, fondée en 1921 à Al-Quds (Jérusalem).
++ Raqib sahyoun, mensuel, fondé en 1921 à Al-Quds (Jérusalem), Rédacteur en chef : Père Paul Sam'ani. Périodique de tendance catholique.
++ Haïfa, hebdomadaire fondé en 1921 à Haïfa, Rédacteur en chef : Ilia Zaka. Le périodique défend les droits des travailleurs et des paysans palestiniens.
++ Lisan al-Arab, quotidien fondé en 1921 à Al-Quds (Jérusalem), Rédacteur en chef : Ibrahim Salim an-Najjar.
++ As-Sabah, hebdomadaire fondé en 1921 à Al-Quds (Jérusalem), Rédacteur en chef : Mohammad Kamil al-Badiri.
++Sawt ach-Cha'ab, quotidien, fondé en 1922 à Bethléem, Rédacteur en chef : Aïssa al-Bandak,

++Al-Quds al-jadida, fondé en 1922 à Al-Quds (Jérusalem) Rédacteur en chef : Père Gatling.
++ Al-Huquq, mensuel traitant le droit, fondé en 1923 à Yâfâ (Jaffa), Rédacteur en chef : Fahmi al-Huseyni.

§§§

Bibliographie

Histoire

+ Encyclopédie sur les juifs et le judaïsme : un modèle d'explication nouvelle, (en arabe), Abdal-Wahab Al-Masiri, Le Caire (Egypte), Dar Achchourouq, 1999, 8 volumes.
+ La Bible, traduction de Lemaître de Sacy, Paris, 1990.
+ Pour une histoire profane de la Palestine, Lotfallah Soliman, Paris, La découverte, 1988, 210 p.
+ Avant leur diaspora. Une histoire des Palestiniens par la photographie : 1876-1948, Walid Khalidi, Paris, Les Ed. de la Revue d'Et. Palestiniennes, 1986, 350 p.
+ Palestine, terre des messages divins, Roger Garaudy, Paris, Albatros, 1986, 397 p.
+ La Bible dévoilée. Les nouvelles révélations de l'archéologie, par Israël Finkelstein (professeur à l'Université de Tel-Aviv) et Neil Asher Silberman. Traduit de l'anglais par Patrice Ghirardi, Paris, Bayard Editeur, 2002, 432 p.
+ Western Scholarship and the History of Palestine, Michael Prior, éd. Melisende (London), 1998, 111 p. Voir : Majallat ad-Dirasat al-Filastiniyya (Revue d'Et.-udes Palestiniennes, en arabe), Nicosie, num. 41, hiver 2000.
+ Wathaïq Filastin: mi'atan wathamanuna wathiqa mukhtara 1839-1987 (Documents, Archives sur la Palestine : 280 documents choisis: 1839-1987), Daïrat ath-thaqafa (OLP), 1987, 486 p. Voir les documents, Paris, Institut du Monde Arabe.
+ At-Ta'rikh alqadim li-acha'ab al-israily (Histoire ancienne du peuple israélite), traduit de l'anglais par Salah Ali Sudah, Beyrouth, Bisan : Edition et Diffusion), 1995, 294 p. Le titre original est :
Early History of the Israelite Poeple From Written and

Archeological Sources, Thomas L. Thompson, Edit. : E.J. BRILL, Leiden, New-York, Köln, 1994, 489 pages, 1ère édition 1992.

+ Ta'rikh Filastin fi awakhir al-'ahd al-'uthmani (1700-1918) : qira'ah jadidah (Histoire de la Palestine sous les Ottomans 1700-1918, lecture nouvelle), Adil Manna', Beyrouth, 1999, 358p.

+ Ta'rikh Filastin Al-Hadith (Histoire nouvelle de la Palestine), Abd-al-Wahab Al-Kayyali, 1985 (9ème éd.), Beyrouth, 408 p. Traduction française de l'anglais par Anne-Marie Abou-elaazem: Histoire de la Palestine 1896-1940, Paris, L'Harmattan, 1985, 267 p.

+ «Genèse de la Palestine mandataire», Laurens Henry, Maghreb-Machreq, Paris, n°140, avril-juin 1993, p. 3-34.

+ Disraeli, André Maurois, Paris (Gallimard), 1978, (1ère édition : 1927), 292 p.

+ Jerusalem : The Holy City in the Eyes of Chroniclers, Visitors, Pilgrims, and Prophets from the Days of Abraham to the Beginning of Modern Times, F.E. Peters, Princeton University Press, XIV + 636 p. Voir : Revue d'Etudes Palestiniennes, Paris, numéro 24, été 1987, p. 120-123.

+ Palestinians and their Society 1880 à 1946 : a photographic essai, Sarah Graham-Brown, Londres, Quartet Books, 1980, 184 p.
(Essai photographique sur la société palestinienne de 1880 à 1946).
Voir : Revue d'Etudes Palestiniennes, Paris, numéro 2, hiver 1982.

+ Encyclopédie : « Yâfâ (Jaffa) la belle » (en arabe), Ali Haçan Al-Bawwab, Institut arabe d'Etudes et de Diffusion, Amman et Beyrouth, 2004, 2 tomes, 1750 pages.

Sionisme

+ «Journal de Herzl», Edition Anis Sayegh, Collection Livres Palestiniens, Wathaïq Filastin, o.c.

+ « Al Istaytan as-sahyuni fi Filastin : 1882-1991 » (La colonisation sioniste en Palestine), Amine Mahmud 'Ataya, Al-Wahda, num. 99, Rabat, Maroc, déc. 1992, p. 43-60.
+ The reality, J.M.N. Jeffries, London, 1939. Traduit à l'arabe : «Filastin ilaykom al haqiqa», par Ahmad Khalil Al-Hadj, Le Caire, Vol I (1971, 313p.), Vol II (1972, 257p.), Vol III (1973, 187p.), Vol IV (1973, 205p.).
+ «Bina' ad-dawla al-yahudiyya 1897-1948, al-adat al-'askariyya» (La construction de l'Etat juif 1897-1948 : les outils militaires), Walid Khalidi, Majallat ad-Dirasat al Filastiniyya (Revue d'Etudes Palestiniennes, en arabe), Beyrouth, num. 39, été 1999, p. 65-103.
+ « Kitab as-siwanzam aw al-mas'alat as-sahyuniyya » (La Question sioniste), Muhammad Ruhy Al-Khalidi (décédé en 1913).
Ce texte est présenté par Walid Al-Khalidi dans : Kitab ad-Dirasat al-filastiniyya (Ensemble de recherches en hommage au Dr Constantin Zariq), Beyrouth, 1988, p. 38-81.
+ « Ach-Chakhsiyya al-yahudiyya al-israiliyya wa arruh al-'udwaniyya » (La personnalité juive israelienne), Rachad Ach-Chami, Le Caire, Dar Al-Hilal, 2002.
+ «Le sionisme non juif : ses racines dans l'histoire de l'Occident», Al Yom Assabeh, hebdomadaire arabe, Paris, 20 janv. 1986.
+ « Al-Mancha' al-Uruppi lis-sahyuniyya wa marahil tahwidiha » (L'origine européenne du sionisme), Umar Kylani, Al-Hayat (quotidien arabe, Londres), 25 déc. 2003.
+ «Le projet d'Etat juif attribué à Bonaparte», Henry Laurens, Revue d'Et. Palestiniennes, Paris, num. 33, automne 1989, p. 69-83.
+ Le Moniteur (Journal officiel du Gouvernement français), 22 mai 1799.
+ Takwin al-sahyûniyya (Genèse du sionisme), Qashtînî Khalid, Beyrouth, 1986, 270 p. Note de Lecture : Revue d'Etudes Palestiniennes, Paris, num. 22, hiver 1987, p. 94-95.

+ Naissance du sionisme politique par Yohanan Manor, Paris, 1981, 287 pages.
+ Naissance d'Israel, Trial and Error, Chaïm Weizmann, Paris, traduit de l'anglais, 1957 (6ème édition Gallimard), 551 pages.
+ Discours et Ecrits (traduction française), Weizmann Chaïm, Jérusalem, 1946.
+ « Les fondements culturels de l'idéologie sioniste : la littérature de Frishman et l'âme juive »(en arabe), Bahhrâwî Ibrahim, Revue : Shu'ûn filastîniyya (Affaires palestiniennes), Nicosie, n° 172-173, juillet-août 1987, p. 75-85.
+ As-Sunduq al-Qawmi al-Yahudi (Traduction de : The Jewish National Fund, Walter Lehn in association with Uri Davis), Beyrouth, Mu'assassat Addirasat al-Filastiniyya (Institute of Palestine Studies), 1990, 393 pages.
+ « Al-Khataya al Asliyya : Ta'ammulat fi ta'rikh as-sahyuniyya wa Israel » (Réflexions sur l'histoire du sionisme et Israel), (en arabe), Israel Shahak, Président de la Ligue des Droits de l'Homme en Israel. Voir : Majallat ad-Dirasat al-Filastiniyya (Revue d'Et. palestiniennes, en arabe), Beyrout, printemps 1993 num 14, p. 205-209. Livre original : Reflections on the History of Zionism and Israel by Benjamin Beit-Hallahmi, Boulder, Co : Westview Press, 1991.
+ L'Organisation sioniste mondiale : les débuts, les institutions, les activités et les conflits (1882-1982), (en arabe), As'ad 'Abd-arRahman, Beyrouth, Al-Muassasat al-'arabiyya li-dirasat wan-nashr, Institut arabe d'Etudes et de Diffusion), 1985, 272 p.
+ The Vatican au Zionism : Conflit in the Holy Land (1895-1925), New-York, Oxford University Press, London, 1990, XIV + 253 p., Sergio I. Minerbi, (Politique du St-Siège vis à vis du sionisme), Note de lecture : Revue d'études palestiniennes, Paris, num. 44, 1992, p. 130-132.

+ « Le mouvement ouvrier juif en Palestine, avant 1914 », Nathan Weinstock, Revue d'Etudes palestiniennes, Paris, n° 12, été 1984, p. 51-63
+ « La tuerie de Rishon-le-Zion », éléments rassemblés par le professeur Israel Shahak, Président de la Ligue israélienne des Droits de l'Homme, Revue d'Et. Palestiniennes, Paris, num. 37, 1990, p. 46-60. Voir également sur cette tuerie : Al-Yom as-Sabi', hebdomadaire, 4 juin 1990.
+ A propos de la corruption en Israël, Abraham Burg, ancien Président de l'Assemblée israélienne, de 1999 à 2003, et ancien Président de l'« Agence juive», journal «Le Monde», Paris, 11 septembre 2003.

Politique britannique

+ British Policy Towards Syria and Palestine, (1906-1914), Raschid Khalidi, Londres (Ithaca Press), 1980, 380 p. Voir : Marwan R. Buheiry, Revue d'Etudes Palestiniennes, Paris, num.1, automne 1981.
+ La politique britannique dans la colonie d'Aden et dans les protectorats : 1937-1945.
Thèse pour un Magister, publiée par la Revue du Centre de Recherches et d'Etudes du Yémen (Université d'Aden), Al-Quds Al-Arabi quotidien arabe édité à Londres, 11 janv. 2001.
+ La Déclaration Balfour 1917, Création d'un foyer national juif en Palestine, présentée par Renée Neher-Bernheim, Paris, 1969, 473 pages.
+ T.L. Lawrence, Les Sept Piliers de la Sagesse, Paris, 1958.

Economie, Terre

+ Da'wa naz' al-malkiyya (La dépossession de la terre palestinienne) (1878-1948), Traduction de Bachir Charif al-Barghouti, Amman, 1986, 285 p.
+ «Al-Muwajahat al-iqtisadiyat ma'a assahyuniyya - attamassuk bi malkiyyat al-ard : 1882-1919» (L'affrontement économique avec le sionisme - l'attache-

ment à la terre, 1882-1919), Khayriyya Qasmiyya, Dirasat Tarikhiyyah, (Etudes historiques), Revue de l'Université de Damas, num. 35-36, mars-juin 1990, p. 59-110.
+ « Hawla maqulat bay' al-Filastiniyyin ardihim lil-yahud» (A propos du slogan selon lequel les Palestiniens auraient vendu leurs terres aux juifs), Khalid Al-Khalidi, Al-Quds al-'Arabi, quotidien arabe, édité à Londres, 30/01/2004.
+ Palästina im Umbruch, 1856-1882, Alexander Schölch, Stutgart, 1986. Un article est paru en anglais sur cet ouvrage avant sa publication.
Il s'agit de : « The Economie Development of Palestine 1856-1882», Journal of Palestine Studies, X, num 39, printemps, 1981. Il existe une note de lecture en français de cet ouvrage : « Le développement économique de la Palestine, 1856-1882 », in Revue d'Etudes Palestiniennes, Paris, n°10, hiver 1984, p. 93-113. L'ouvrage d'Alexander Schölch est traduit en anglais sous le titre : Palestine in transformation 1856-1882, traduit de l'allemand par William C. Young et Michael C. Gerrity, Institut for Palestine Studies, Washington, D.C., 1993, 351 pages.

Expulsion des Palestiniens

+ « L'idée du transfert dans la doctrine sioniste », Israël Shahak, Président de la « Ligue des Droits de l'Homme » en Israël, Revue d'Etudes Palestiniennes, Paris, num. 29, automne 1988, p. 103-131.
+ « At-Taçawwar as-sahyuni fi at-tarhil : nadhrat ta'rikhiyya 'amma » (L'idée du "transfert" chez les sionistes), Nur-ad-Din Muçalha, Majalat ad-Dirasat al-Filastinyya, (Revue d'Etudes Palestiniennes, en arabe), Nicosie (Chypre), num. 7, 1991, p. 19-45.
+ Tard al-Filastiniyyin : mafhum at-tansfer fil fikr wa at-takhtit as-sahyuniyyin, 1882-1948 (Concept sioniste du transfert des Palestiniens), Nur-ad-Din Muça-

lha, Mu'assassat ad-Dirasat al-Filastiniyya (Institute of Palestine Studies), Beyrouth, 1992, 293 pages.
+ Expulsion of the Palestinians, The Concept of Transfer in Zionist Political Thought 1882-1948, Nur-ad-Din Muçalha, Washington DC, 1992, publié par The Institute for Palestine Studies.
+ Imperial Israël and the Palestinians : The Politics of Expansion, Nur-ad-Din Muçalha, Ed. Pluto Press London / Sterling, Virginia, 2000.
Voir : Al-Quds al-'Arabi (quotidien arabe), Londres, 02 oct. 2000.
+ « Le transfert des Palestiniens, une obsession centenaire », Ilan Halévi, Revue d'Etudes Palestiniennes, Paris, nouvelle série, num. 14, 1998, p. 15-41.
Citant Moshé Smilansky, Rehovoth, 1891, (Conversation entre des pionniers des « Amants de Sion »).
+ Le Grand Israël : Etudes des idées expansionnistes sionistes, As'ad Razzouq, Beyrouth, 1968 (en arabe).

Résistance

+ Yaqdhat Al-'Arab (Le réveil arabe), Georges Antonius, Beyrouth, 1987, 653 p. C'est la traduction de l'anglais à l'arabe de : The Arab Awakening, Georges Antonius, Lippincott, Philadelphie, USA, 1939.
+ « Al Muchqilat al-qanuniyya al mutaffi'a 'an al-qadiyyat al-filastiniyya (Le droit et la cause palestinienne), Docteur Hamed Sultan, Wathaïq Filastin, o.c.
+ « Dawr assahafa al-'arabiyya fi muqawamat assahyouniyya (Le rôle de la presse arabe dans la lutte contre le sionisme 1897-1914), Docteur Ismaïl Ahmad Yaghi, Revue d'Histoire Maghrébine, Tunis, num. 57-58, juillet 1990, pp. 523-561
+ « Dawrat Ma'had al-i'dad al-i'lami hawl as-sira' al-'arabi assahyuni » (Table ronde sur le conflit arabo-sioniste), Naçir Chamaly, Damas, 21 juillet-2 août 2001.
+ Al-Isti'mar as-sahyouny wa tatbi' achakhsiyya al-yahoudiyya, dirasat fi ba'd mafahim as-sahyuniyya

wal mumarasat al-israiliyya, (Le colonialisme sioniste et le caractère de la personnalité juive), Abd-al-Wahab Al-Masiri, Beyrouth, Mu'assassat al-Abhath al-'Arabiyya (Institut de Recherches arabes), 1990.
Voir : Majallat ad-Dirasat al-Filastiniyya (Rev. d'Etudes palestiniennes, en arabe), Beyrout, num. 3, 1990, p. 120-122.
+ Palestinien Identity : The Construction of Modern National Consciensness, Comlumbia University Press (New York), Rachid Khalidi, 1997, 309 p. Traduit en français par Joëlle Marelli : L'identité palestinienne : la construction d'une conscience nationale, Ed. La Fabrique, Paris, 2003, 402 p.
+ « Al-Muqâwama al-'arabiyya li-sahyunuiyya awakhir al-'ahd al-'uthmani (1908-1917) : al-ittijahat ar-raïsiyya », (La résistance arabe au sionisme), Docteur Khayriyya Qasmiyya, in Revue d'Histoire Maghrébine, Tunis, num. 29-30, 1983, p. 373-394.

Ottomans

+ Al-Mawjaz fi ta'rikh ad-duwwal al-islamiyya wa 'uhuduha fi biladina filastin (Histoire des États islamiques et leurs relations avec la Palestine), Mustafa Murad ad Dabbagh, Beyrouth, 2 tomes : (1981, 223 pages) et (1982, 175 pages).
+ Mudakkirat as-sultan Abdul-Hamid-II (Mémoires du sultan Abdul-Hamid-II).
Traduction du turc à l'arabe, présentation et commentaires de Mohamad Harb AbdelHamid, Le Caire, 1978, 149 pages.
+ « La redécouverte de la Palestine ottomane », Beshara Doumani, Universitaire de Pennsylvanie, Revue d'Etudes Palestiniennes, Paris, num. 46, hiver 1993, p. 101-128.
+ Arabs and Young Turks : Ottomanism, Arabism and Islamism in the Ottoman Empire (1908-1918), Hassan Kayyali, Berkeley (Universiy of California Press), 1997, 291 p. Voir : «Al-'Arab wa harakat Turqiyya al-

Fatat : al-Uthmaniyya wal-Uruba wal-islam fil-imbiriaturiyya al-uthmaniyya 1908-1918 (Arabes et 'Jeunes-Turcs'), Hassan Kayyali, Majalat ad-Dirasat al-Filastinyya (en arabe), Beyrouth, num. 36, automne 1998, p. 164-166.

+ « Al-Majallat at-ta'rikhiyya al-'arabiyya liddirasat al-'Othmaniyya » (Arab Historical Review for Ottoman Studies), Zaghouan, Tunisie, num. 3-4, déc. 1991, p. 173-187.

+ The Attitude of the ottoman empire toward the zionist movement, 1897-1909, Hassan Ali Hallak, Beyrouth, 1980, 425 pages.

+ Commentaires du livre de Bifn Izst : La Palestine, les juifs iraquiens et la Révolution du Chérif, par 'Ala'-ad-Din Adh-Dhahir, Iraquien résidant en Hollande ; commentaires parus dans « Al-Quds al-'Arabi » (quotidien arabe édité à Londres) des 2 et 3 mai 2002.

+ Un grand rabbin Sépharade en politique 1892-1923. Textes présentés par Esther Benbassa.
Préface d'Annie Kriegel, Presses du CNRS Paris, 1990. Voir : Al-Yom Assabi' (hebdomadaire arabe édité en France), 14 et 28 mai 1990.

+ Organisations arabes revendiquant l'autonomie voire l'indépendance des provinces arabes de l'Empire ottoman : « Al-Muntada al-Adabi » (Forum Littéraire) (1909) ; «Al-Qahtaniyya» (Association secrète fondée par un officier arabe de l'armée ottomane (1909) ; « Jam'iyyat al-Arabiyya Al-Fatat » (Association des Jeunes-Arabes) (1911) ; « Hizb Allamarkaziyya al-Idariyya al-Uthmani » (Parti ottoman pour la Décentralisation) (1912) ; Le « Comité Islah » (Réforme) (1913) ; «Jam'iyya al-'Ahd» (Le serment) (1913), etc.

Archéologie

+ «Jérusalem : l'archéologie dévoyée», Mahmoud Hawwari, Revue d'Etudes palestiniennes, Paris, numéro 51, printemps 1994, p. 105-116.

+ Athar Filastin (Les vestiges archéologiques de Palestine), Huseyn Umar Hammada, Damas, 1983, 325 pages.
+ At-Ta'rikh al-qadim li-acha'ab al-israily.
(Histoire ancienne du peuple israélite), traduit de l'anglais par Salah Ali Sudah, Beyrouth (Bisan : Edition et Diffusion), 1995, 294 p. Le titre original : Early History of the Israelite Poeple From Written and Archeological Sources, Thomas L. Thompson, Ed.: E.J. BRILL, Leiden, New-York, Köln, 1994, 489 pages, 1ère édition 1992.

Divers

+ Agence d'information « Quds Press », 17 sept 2003.
+ Revue « Novembre », num. 1, Paris, nov.-déc. 1987.
+ Revue «Filastin ath-Thawra», hebdomadaire, num. 943 du 27 juin 1993.
+ Le «B'nai B'rith» aurait des relations étroites avec les services de renseignements israéliens voir : Mikel Colins Beyber, Aljazeera.net du 13 mars 2003. Le B'nai B'rith est une organisation juive internationale réunissant des juifs de toutes origines pour servir les communautés dans lesquelles ils vivent.

Fin de la Bibliographie

Fin de l'Etude

le phénix renait de ses cendres !

le phénix renait de ses cendres !

© 2018, Taleb, Si ahmed
Edition : Books on Demand,
12/14 rond-Point des Champs-Elysées, 75008 Paris
Impression : BoD - Books on Demand, Norderstedt, Allemagne
ISBN : 9782322121755
Dépôt légal : juin 2018